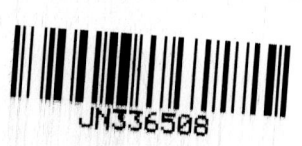

ポケット介護

現場で使える
コミュニケーションのコツ

適切な対応で
信頼関係を築こう！

昭和女子大学 准教授
吉田輝美
著

技術評論社

はじめに

自分の言っていることが利用者に伝わらない、そんなストレスを感じたことはありませんか。あるいは、レクリエーション活動や送迎のときに、利用者と何を話してよいかわからない、と悩んだことはありませんか。

介護の仕事をやってみるとコミュニケーションの難しさを感じる場面が多々あります。コミュニケーションは誰しもが当たり前にやっていることだから、上手くできない自分が悪いんだと落ち込んでしまったことはありませんか。

それらをよく見ていくと、コミュニケーションの伝わり方の特性を見落としてしまっていることが多いものです。自分は十分伝えたと思い込んでしまい、利用者は利用者の価値観で解釈するものであるということを忘れてしまっているようです。

介護職員がどのように利用者とコミュニケーションを行えばよいかを理解できれば、ストレスや悩みは軽くなっていきます。また、利用者とのコミュニケーションは、介護職員がチョットしたコツを身につけていくことで円滑なものになっていきます。そのコツが本書のコミュニケーションスキルなのです。

介護の仕事に特有なコミュニケーションについて知り、利用者との会話が弾み、利用者の満足度を高めていくことによって、介護の仕事がより楽しくなっていくことと思います。そのためのきっかけを本書で提供していきます。本書では、日常ありがちなコミュニケーション場面を取り上げ、よくある会話を初級者レベルと位置づけ、ワンランク上を目指しコミュニケーションの達人となることを目標にしています。

利用者は、私たちの人生の先輩で、私たちの誇りです。先輩の知恵をたくさん教えてもらうためのきっかけとして、少しでも本書が読者の皆様方のお役に立てればと願っております。

2015年9月　吉田 輝美

第1章 コミュニケーションの基本とマナー

第2章 場面別コミュニケーション

Column 介護の基礎知識

第3章 コミュニケーション困難事例

第4章 利用者の状態に応じたコミュニケーション

第5章 チームケアにおけるコミュニケーション

付録　コミュニケーションに役立てよう!

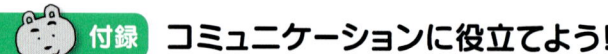

第1章

コミュニケーションの基本とマナー

介護の仕事は、利用者との信頼関係を形成しながら支援を提供していくものです。信頼関係はコミュニケーションを通して形成されていきます。介護職員が意識的にコミュニケーションスキルを用いて利用者にかかわっていくと、早い時期に信頼関係が形成されます。

POINT 01 基本(1)

マナー

マナーは、利用者との関係づくりのうえで大切なものです。相手を不愉快にさせないためのものであり、コミュニケーションを円滑にするものでもあります。最初の印象が重要で、職員一人ひとりの言動に対し、事業所を代表する印象を持たれることを意識しなければなりません。

こんなときどうする?

「家庭的な雰囲気を心がけましょう」と事業所のトップから言われています。でも、私だっておしゃれがしたいわ。

【接遇の5原則】

1. あいさつ → Point 2
2. 身だしなみ → Point 1
3. 態度 → Point 5・Point 6
4. 表情 → Point 4
5. 言葉づかい → Point 3

相手を不快にさせてはいけない

（利用者）　きみの爪は……何だね？

（あなた）　昨日、ネイルサロンに行ってきたんです！

（利用者）　金をかけて、鬼の爪になったのかね？

相手を不快にさせないよう「身だしなみ」に注意しよう

【身だしなみの3原則】

1. **清潔** ………爽やかさがあり、衣服に汚れがついていないこと。
2. **機能的**……利用者の介助にあたり動きやすい服装を心がける。
3. **安全** ………利用者の皮膚を傷つけないよう、装飾品をはずし、爪も短くする。

ここがポイント！ ここに注意！

おしゃれは、自分のためのものですから自己満足はできても、相手を不快にさせる状態ではダメです。他人が不快にならないように心がけることを「身だしなみ」と言います。

第一印象は、人のイメージに強力に影響します。爪は、ときに利用者にとって凶器になります。アクセサリーも不用意に利用者の肌に当たったり、落ちてしまって傷つけることがあります。

在宅サービスの場合には、靴下にも気をつけましょう。

基本(2)

POINT 02 あいさつ

コミュニケーションの基本は、「あいさつ」とよく言われます。あいさつをすることが、介護職員の目的ではありません。あいさつというコミュニケーションの道具を使って、相手の状態を知ることが目的です。その相手は利用者だったり、ときに上司や部下でもあります。

こんなときどうする?

勤務が始まったので、利用者の居室へ向かっています。前方に、利用者さんがいすに座ってうつむいているのが見えます。

あ … 温かいまなざしで
い … 幾度と
さ … 先に
つ … 続けて

× あいさつすること自体が目的ではない

（あなた）　おはようございまーす！

（利用者）　……

（あなたの心の声）

（あいさつは、先にするものだから、ちゃんとやったわ。たくさん利用者がいるから、早くあいさつを終えなきゃ）

○ あいさつを通して相手の状態を確認しよう

（あなた）　おはようございます。

（利用者）　……

（あなた）　うつむかれていますが、何かありましたか。

ここがポイント！ ここに注意！

コミュニケーションは、双方向のやり取りです。介護場面では、自分は伝えたからコミュニケーションを終了するのではなく、相手の反応を観察しなければなりません。

×のケースでは、あなたからの一方通行で終わってしまいました。

〇のケースでは、利用者の反応、この場合は返答がないという反応を受け止め、その理由を知るための言葉を続けていきます。すると、「ゆうべね～」と話をしてくれる可能性もあります。あるいは、「何でもないわ！」とそれ以上話をしない可能性もあります。どちらが良い悪いというものではなく、利用者の反応を知ることが重要です。

基本(3)

POINT 03

言葉づかい

利用者の尊厳を大切にすることは、介護職員の業務上重要な視点です。利用者は、身内以外の他者であり、お客様という視点に立てば、敬語によるコミュニケーションを行わなければなりません。

こんなときどうする?

業務中に、利用者さんから声をかけられました。利用者さんは、今月の行事について知りたがっています。しかし、すぐに答えることができず、確認してから伝えなおそうと考えました。

介護現場で人間関係を円滑する手段として、コミュニケーションがあります。このうち言葉づかいは、利用者との心理的距離に影響を与えるものでもあります。

尊敬語	相手の行為に対して使い、相手を立てる言葉。
謙譲語	自分の動作や状態をへりくだる言葉。
丁寧語	丁寧に表現する言葉。

×　馴れ馴れしい言葉づかいは厳禁

（利用者）　ちょっと、今度の買い物の日っていつだったかしら。

（あなた）　私はわかりません。担当に聞いてから教えてあげます。

○　敬語を使うよう心がけよう

（利用者）　ちょっと、今度の買い物の日っていつだったかしら。

（あなた）　少々お待ちいただけますか。ただいま見てまいります。

ここがポイント！ ここに注意！

声をかけられて、とっさに正確な情報を伝えられない場合には、確認することが必要です。間違った情報を伝えたことにより、利用者から信用されなくなるケースもあります。確認してくる間、利用者には待ってもらわなければいけませんので、そのことも伝えましょう。

利用者との関係に慣れてきても、言葉づかいが乱れてしまわないように注意しましょう。語尾をのばす話し方は、甘えた印象や馴れ馴れしい印象を与えます。「〜してあげる」といった言葉は、上から目線になりますので、厳禁です。

基本(4)

POINT 04

表情

私たちは、相手がどういう状態で話をしているのだろうかと観察をしています。その中でも、表情を見ることが多いものです。「目は口ほどに物を言う」とのたとえもあるほどです。同じ言葉でも、どのような表情で言うかをしっかりと観察する必要があります。

こんなときどうする?

利用者さんに頼まれたことをすぐにしなかったので、利用者さんが怒っています。

言語コミュニケーション	言葉の意味内容を指します。
非言語コミュニケーション	言葉以外のメッセージを指します。声のトーン、強弱、テンポ、目の動き、呼吸などがあります。

言葉と表情が一致していないといけない

（利用者）　（眉間にしわを寄せて大きな声で）さっき頼んだこと、まだやってくれていないの！

（あなた）　（ニコニコ笑いながら）忘れていました。すいませ～ん。

言葉と表情を一致させよう

（利用者）　（眉間にしわを寄せて大きな声で）さっき頼んだこと、まだやってくれていないの！

（あなた）　（真剣に誠意ある表情で）大変失礼いたしました。お待たせして申し訳ありません。ただいま行います。

ここがポイント！ ここに注意！

介護職員は、いつも笑顔でいることが大切です。笑顔は、幸せの源でもあります。

しかし、介護職員は言葉と言葉以外の表情を一致させたコミュニケーションをしなければなりません。謝罪の言葉であれば、言葉に合う表情をしなければなりません。人の本音は、言葉以外のコミュニケーションに現れるものです。実は、利用者も職員の顔色をうかがっていることをお忘れなく。

POINT 05 基本（5）

姿勢

介護職員は、利用者の課題解決を支援するために、利用者が話しやすい態度をとることが大切です。利用者が、この人になら話ができそうだと感じる状態にしなければなりません。

こんなときどうする？

朝の巡回時間帯に、入所間もない利用者さんが、あなたに何か言いたそうに声をかけてきました。

対人援助においては、「全身全霊で話を聴く」ということが言われます。自分の視覚と聴覚と身体感覚を使って、話を聴くことです。

✕ 拒絶しているように見えてはいけない

（利用者）　あの〜…。

（あなた）　ん？　何ですか！（強めの口調で）

（利用者）　えっ、えっとぉ…、あの〜…。

（あなた）　用事があるなら、おっしゃってください！

○ 利用者を受け入れる姿勢を見せよう

（利用者）　あの〜…。

（あなた）　おはようございます。どうされましたか？

（利用者）　えっ、えっとぉ…、あの〜…。

（あなた）　どのようなことでも構いませんから、どうぞお話くださいませんか。

ここがポイント！ ここに注意！

利用者は、職員の行動をよく見ています。「こんなことを言ったら、職員にどう思われるだろう」という不安を持っていることが多いのです。利用者は、職員が反応する態度や言葉を敏感にとらえます。言葉以上に、あなたが発する非言語コミュニケーションの影響が非常に強くなります。あなた自身は、そんなつもりはないけれどと思うかもしれませんが、利用者は、「この人は話を聴いてくれない」と感じた瞬間から、話の内容を吟味します。

この人は話を聴いてくれると利用者が感じる姿勢をイメージしましょう。それは、イソップ童話にある「北風と太陽」の太陽に自分がなったように意識してみてください。利用者を受け入れる自分自身の心の状態をつくってください。

基本（6）

POINT 06 視線

視線は、ときに厳しかったり温かかったりします。先にも述べましたが、目は言葉以上にメッセージ力があります。温かいまなざしを利用者に向けましょう。そして、自分の視線は、利用者の非言語コミュニケーションをしっかりととらえるために活用しましょう。

こんなときどうする？

廊下を歩いていたら、車いすを使っている利用者さんに話しかけられました。その利用者さんは、夜眠れないという同じ話をいつもします。

視線には、介護職員の心のあり方がよく現れます。
利用者との関係を対等だと意識していれば、視線の位置は同じか少し下になるでしょう。

× 相手を見下ろして会話してはいけない

（利用者）　あのね～、ゆうべ眠れなかったんだよ。

（あなた）　（立ったままの状態で）いつも眠れないって言ってますよね。

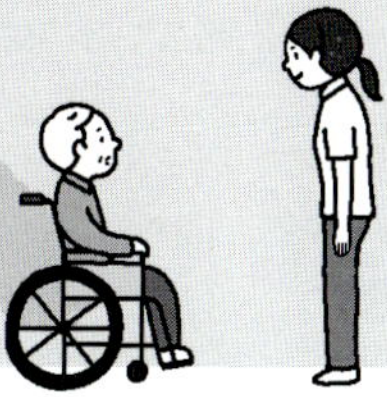

○ 視線を合わせよう

（利用者）　あのね～、ゆうべ眠れなかったんだよ。

（あなた）　（腰をかがめて）眠れなかったんですね。何があったんですか。

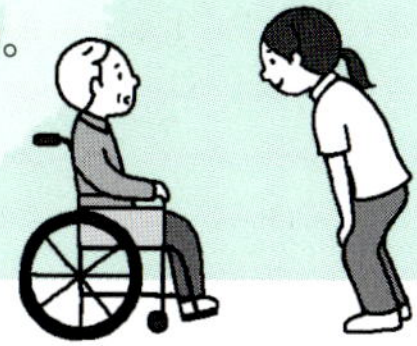

ここがポイント！ ここに注意！

　忙しさから、落ち着いて利用者の話を聴くことができないということもあるかもしれません。しかし、車いすのそばで、視線の位置を合わせて、一言二言会話するだけでも、利用者は私のことをわかってもらえたと感じることが多いものです。

　「上から目線」という言葉がありますが、利用者は何もできない人だ、かわいそうな人だなどという気持ちが職員にあれば、その心は無意識に視線に現れます。利用者を見下ろす視線になっていることが多いはずです。心のあり方は、職員の言葉づかいにつながっていきます。

POINT 07

声の大きさ

声の大きさは、非言語コミュニケーションです。声には、その人の状態が現れます。具合がよくない場合には声は小さく、嬉しいことがあった場合には声は大きくなります。

こんなときどうする？

休日を楽しく過ごしリフレッシュできたあなたが、廊下を歩いていたら、うつむいて座っている利用者さんに気づきました。

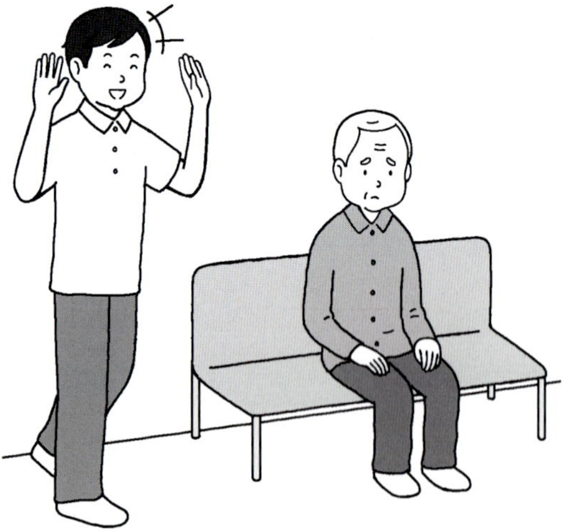

自分は、どのような状態で利用者と向き合っているか意識する必要があります。同時に、利用者はどのような状態かも観察しなければなりません。

× 自分の気持ちに合わせた声の大きさではいけない

（あなた）（大きな声で）どうしたんですか！

（利用者）（小さな声で）うん、……

（あなた）元気を出してください！　気持ちを前向きに持って！

○ 相手に寄り添うように、声の大きさも工夫しよう

（あなた）どうされましたか？

（利用者）（小さな声で）うん、……

（あなた）言葉にしにくいようなことがあったのでしょうか。

ここがポイント！ ここに注意！

自分の元気さと同じレベルに利用者をしようと思うことが根本的に違っています。利用者は元気になれないきっかけがあったわけですから、そのことを話してもらうことで、元気になる糸口が見つけられるように聴く姿勢を保ちます。自分はリフレッシュできて元気な状態であっても、利用者と同じ視線に立つことを意識すれば、「元気を出して」や「頑張って」とは言えなくなります。「元気を出して」や「頑張って」という言葉がすべてによくないのではなく、その言葉を受け取って効果がでる利用者ももちろんいます。

また、利用者の状況に応じて、声の大きさを工夫します。高齢者は耳が遠いからと、耳元で大声で話していると、「そんなに大声出さないでくれよ」と言われる場合もあります（笑）。

POINT 08

話し方(2)

声のトーン

声のトーンは、声の大きさと同じように、コミュニケーションの中では、非言語に属します。声には高低があり、状況に応じてトーンを変えて話をするのが一般的です。

こんなときどうする?

あなたは、レクリエーションのファシリテーターです。利用者さんが楽しくできるように言葉かけをします。

加齢に伴い、高音域が聞き取りにくくなるようです。また、子ども扱いするときの声のトーンが高めなので、利用者によっては、高めの声のトーンだと、バカにされていると感じることもあるようです。

✕ 語尾を上げるような呼びかけではいけない

（あなた）　みなさ～ん、上手にできましたね～。

（利用者）　……

（あなた）　もう一度やります。もっと上手にやってみましょう～。

○ 問いかけの言葉を使い、落ち着いたトーンで呼びかけよう

（あなた）　みなさん、やってみていかがでしたか。

（利用者）　（ガヤガヤ）

（あなた）　○○な方、△△な方もいらっしゃったかもしれません。もう一度やってみます。××を意識してやってみてください。

ここがポイント！ ここに注意！

大勢に呼びかける場面で、多くの人は語尾が上がる傾向があります。語尾を上げると、どうしても幼稚っぽく聞こえるようです。男性利用者から「あんな幼稚園みたいなことはしたくない」という声が聞かれることもあります。その際は、職員の話し方のトーンを点検してみてください。

「できましたね」という職員の評価的な言葉から、「いかがでしたか」という問いかけの言葉を使うように心がけると、利用者が自分の参加状況を評価することになります。どのような場面においても、利用者が主体的になる場面を多くつくることが大切です。

POINT 09 話の速度

話し方のスピードが速いか遅いか、人それぞれ特徴があります。十分に利用者が話を受け止められているかを確認しながら、会話を進めていくことが大切です。

こんなときどうする?

朝食の時間になります。ある利用者さんは、何度声かけしても、なかなか準備ができずに時間がかかります。

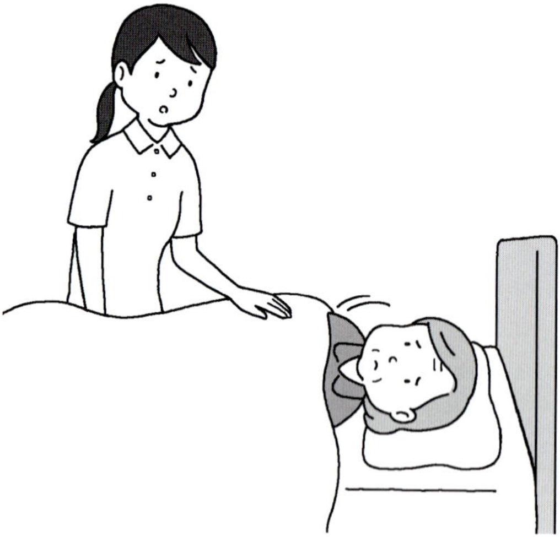

伝えたい思いが強いと早口になる傾向があります。大事な情報ほど、丁寧に取り扱う気持ちを持って、相手を気づかい相手のペースに合わせた速度で話しましょう。

✕ 一方的に早口でまくしたて、説得してはいけない

（あなた）　（急かすような早口で）おはようございます。朝ごはんの時間です。いつもギリギリなので、余裕を持って準備してください。

（利用者）　……

（あなた）　早くしてください。

○ 相手が納得したことを確認しつつ、話を進めよう

（あなた）　おはようございます。７時半になったらお部屋を出ていただけますか。朝食の時間です。

（利用者）　７時半に部屋を出ればいいの？

（あなた）　はい。食堂でお待ちしています。

ここがポイント！ ここに注意！

利用者を説得しなくてはという気持ちがあると、早口で一方的な話し方になります。職員の思いを伝えることが優先されますので、利用者の状態を受け入れることをしなくなってしまいます。いわゆる、聞く耳を持たない状況です。説得とは、相手の逃げ場をなくし論破する方法であり、納得とは、相手の行動を促すための方法です。

介護関係において用いるコミュニケーションは、勝敗を競うものではなく、利用者の人生を支援するためのものであり、利用者本人が自分の人生を納得できるものとするための支援でもあります。利用者との対等な関係を意識した状態であれば、説得のコミュニケーションは消えていくはずです。

POINT 10 態度（1）

身振り

会話中の手や体の動きを意識してください。普段は無意識に動いているものです。無意識は自分が気づいていない部分ですが、とても大事なメッセージを発しているものです。

こんなときどうする？

認知症のある利用者さんは、よく財布がないと訴えます。一緒に探すと、いつも衣装ケースの中から見つかります。

身振りには本心が隠れていることもあります。腕組しながら利用者の話を聴いていたり、足で貧乏ゆすりをしていたりといったことがないか、点検が必要です。

✕ 相手を追い詰めるような身振りをしてはいけない

（利用者）　財布がないの！　泥棒よ！

（あなた）　またですかぁ〜。衣装ケースの中でしょ。いつもの！（人差し指を立てて。リズミカルに）

（利用者）　あなたがやったんじゃないの？

○ 無意識のうちに不用意な身振りをしないよう注意しよう

（利用者）　財布がないの！　泥棒よ！

（あなた）　お財布が見当たらないのですね。それはお困りですね。

（利用者）　部屋に置いたはずなの。

ここがポイント！ ここに注意！

身振りとは、言葉にならない声を体が表現している場合が多いのです。特に自分がストレスだと感じたときに、無意識に手が動いていることがあります。人差し指を立てて相手に向けて一生懸命説明してわかってもらおうとしても、その指が表現している心の声は、「犯人は私じゃない。私を疑うんじゃない」と言わんとしています。身振りは、ときに強力な非言語メッセージを発します。それを利用者は感じ取りますから、さらに興奮してしまうこともあります。

逆に、身振りが役に立つ場面もあります。伝わりにくい状況下で、身振り（ジェスチャー）をすると利用者が理解してくれることもたくさんあります。服を脱いでほしいジェスチャーなど、自立を見守る場面などで効果的だったりします。

POINT 11 態度(2)

相づち

利用者の話をきちんと聴いているということを、言動で示します。「そうなんですね」「なるほど」などの言葉を言いながら聴きます。また、同時にうなづきも入れます。

こんなときどうする?

午後のお茶の時間です。ある利用者さんが、若かりし時代の自分の話を始めました。

うなづきがない相づちは、本当に聴いているのかと疑いに変化してしまうものです。言葉尻にうなづき、相づちの言葉を一緒に伝えましょう。

相づちを打つだけではいけない

（利用者）　私は若い頃に、土方をしていろんな現場を回ったんだ。

（あなた）　はい。

（利用者）　ダム建設の現場だった。

（あなた）　はい。

話の続きを促すように、うなづきながら相づちを打とう

（利用者）　私は若い頃に、土方をしていろんな現場を回ったんだ。

（あなた）　へ〜。そうなんですね。

（利用者）　ダム建設の現場だった。

（あなた）　なるほど。それで。

ここがポイント！ ここに注意！

うなづきは、相手の話を受け止めることを意味しています。言葉では「はい」と言い、うなづかずに首を横に振ったら「いいえ」を意味するようになります。うなづきと相づちの言動を一致させる必要があります。

さらに、促しの言葉を用いると会話が広がっていきます。促しの言葉とは、相手が話しやすくなるようにきっかけを提供する言葉です。「それから」「それで」「たとえば」「ほかには」「具体的には」など、利用者の話をどのように展開させていくかによって、用いる言葉を選ぶこともできます。促しの言葉によって、利用者には話をしなきゃという思いが浮かび、どんどん話をしてくれたり、ちゃんと聴いてくれるんだなという安心を感じたりするので、話が展開しやすくなります。

POINT 12 態度(3)

繰り返し

オウム返しと呼ばれることもあります。利用者の話したことをしっかりと聴いていることを伝えるために、話を繰り返して確認します。繰り返されることによって、利用者も聴いてもらえたという安心感、そのように自分は話しているという確認ができます。

こんなときどうする?

利用者さんが昨日から調子が良くないようで、どうにかしてほしいと話をしに来ました。

利用者が、「はい」と答えるような繰り返しの言葉かけにすると安心感が高まります。

1. **相手が話したキーワードを繰り返す。**
2. **相手の話した感情を繰り返す。**
3. **相手の話を適宜要約して繰り返す。**

✕ しっかり聴いていると伝えなくてはいけない

（利用者）　昨日から、お腹が痛くて。

（あなた）　面会でいただいたお菓子、全部食べたせいじゃないですか？

○ 繰り返しの言葉で確認しながら話を展開しよう

（利用者）　昨日から、お腹が痛くて。

（あなた）　昨日からですね。

（利用者）　うん。

（あなた）　お腹が痛いんですね。

（利用者）　うん。

（あなた）　つらいでしょう。どのように痛むのですか。

ここがポイント！ ここに注意！

利用者が使った言葉の一部をそのまま繰り返して言うのが、繰り返しの技法です。たくさんの内容を一気に話すような利用者の場合には、キーワードだけを繰り返すことも有効です。また、話し終わった最後の部分を繰り返すことも有効です。

ただ、延々と繰り返しばかりをやっていると、利用者が自分の話を適当に聴いているのではないかと、疑いを持つことにもなります。最初に利用者の言ったことに間違いないかを確かめるために、繰り返しの言葉をかけ、「はい」と答えたことで確認がとれたら、話を展開していきます。「はい」と答えた内容を具体的に情報収集するための言葉をかけます。

また、単に利用者の言葉を繰り返すだけでなく、利用者が言葉にしていない感情をプラスして伝えると、利用者の中にはわかってもらえた感が膨らみます。

POINT 13 態度（4）

沈黙

利用者と話をしていたら突然沈黙してしまい、何か言わなきゃと慌ててしまうことがあります。しかし、自分の身に置き換えて考えてみると、何かを問いかけられて、そのことに精一杯答えようとすると、黙ってしまうことがあります。利用者にとって、沈黙とは大切な時間なのです。

こんなときどうする？

ある利用者さんは、一緒にサービスを利用しているＡさんに不満があるようです。

多くの人は、沈黙している間、何もしていないのではなく、答えを探しているのです。一生懸命考えているのです。その時間を十分に利用者に提供することが大切です。

共感の言葉によって、利用者の話を受け止めていることを伝え、どのようにすれば、利用者の気持ちが納得できるのかをこれから考えていくための情報収集のための言葉をかけます。一緒に考えていく作業になりますから、利用者が沈黙し、自分の考えを整理して話すことができるように待つことが重要です。考えている最中に、介護職員が次の質問をすると、新しい質問に答えるためにさらに沈黙してしまうこともあります。

✕ 相手を説得するような言葉かけではいけない

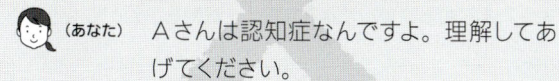

（利用者）　あのＡさんは、いつも順番を守らなくて、言ってもわかんないんだよ。

（あなた）　Ａさんは認知症なんですよ。理解してあげてください。

（利用者）　……。（黙り込んでしまう）

○ 自分の考えを話せるように待つことも大切

（利用者）　あのＡさんは、いつも順番を守らなくて、言ってもわかんないんだよ。

（あなた）　わかってほしいと思っているんですね。Ａさんにはどのように伝えられたんですか。

（利用者）　……。（上を見ながら黙っている。しばらくして）～～って言っている。

（あなた）　そうなんですね。

ここがポイント！ ここに注意！

「理解してあげてください」というように、説得するような言葉かけでは、利用者は自分の思いを受け止めてもらえなかったと感じます。したがって、利用者の中には、もうこれ以上話しても無駄だな、話したくないなという気持ちから、沈黙してしまうこともあるでしょう。

まずは、利用者がどのような思いでＡさんのことを話しているのかを共感しなければなりません。順番を守らないことに対して怒りがあるのか、自分が言っていることをわかってもらえない悔しさやどうしようもなさなのかなどです。

POINT 14 態度(5)

明確化

利用者の話で言いたいことは何か、何を問題と感じているのかを明らかにするための言葉かけです。利用者は一生懸命話をしていますが、きちんと整理して話をすることは難しいこともあります。

こんなときどうする?

いろいろ悩み事を話される利用者さんです。しかし、うまく自分の気持ちが表現できないようです。

混乱している利用者や話が脱線しがちな利用者には、今話をしていることはこういうことですねと、確認の意味も含んでいるのが明確化です。私はこんな風に聴いていますよというメッセージでもあります。

✕ 言葉を鵜呑みにしてはいけないこともある

（利用者）　昨日、息子の夢をみたのよ。何だか心配になって…。

（あなた）　それは夢なんでしょう？

○ 相手が言葉にできない思いを、言葉にしてみよう

（利用者）　昨日、息子の夢をみたのよ。何だか心配になって…。

（あなた）　とても心配になっているんですね。声を聞いてみたい感じですか。

（利用者）　そうね、声が聞けたら安心ね。

ここがポイント！ ここに注意！

利用者の言った言葉と違う言葉に言い換えて、利用者が言葉にできていないけれど、本当はこうしたいという思いを介護職員が言葉にしてみます。「心配になっているんですね」と受容し、利用者の話の内容を明確にするために、言葉にしていない部分を介護職員が言葉にしてみます。つまり、あなたのおっしゃりたいことはこういうことですか、という風に考えてみると明確化しやすいでしょう。「声を聞いてみたい感じ」を、一気に「電話してみたいお気持ちですか」と言い換えることもできます。

利用者は自分の言いたいことをイメージできているのですが、それを言葉で伝えることに時間がかかったり、的確に表現できなかったりします。そのようなときに、さりげなく、こんなことですかと助け舟として言葉をかけてみましょう。

POINT 15 態度(6)

要約

利用者の話から、要点を整理して返す方法です。話の内容が正確に介護職員に伝わっているかを、お互いに確認できます。相手の話が一通り終わったところで、要約します。

こんなときどうする?

焦っている様子の利用者さんから声をかけられました。とても早口で矢継ぎ早に話をします。

利用者は、自分の言いたいことを整理して的確に話ができるとは限りません。話題が横道にそれることもあります。

✕ 話の内容が正確に伝わっているか確かめる

（利用者） 私ご飯食べたのよね。髪もセットしたし。あら、爪が伸びているわ。靴下もこれでいいかしら。バックは茶色でいいわね。

（あなた） 落ち着いて確認してください。

○ 聞いた話を整理して、まとめる役割を果たそう

（利用者） 私ご飯食べたのよね。髪もセットしたし。あら、爪が伸びているわ。靴下もこれでいいかしら。バックは茶色でいいわね。

（あなた） ご飯も済みましたし、身支度もだいぶお済みですね。爪が気になっているのですね。

ここがポイント！ ここに注意！

利用者は、思いついたことや目についたことから話をするため、一度にたくさんの内容を言うことがあります。そのときは、介護職員が聞いた話を整理し、こういうことですねと話をまとめる役割を担います。そして、利用者の話の中でニーズは何かとポイントを絞っていくようにします。利用者にとって今必要なことは何かを明確にすることにより、焦ったり混乱したりしていた利用者も落ち着いて、自分の課題に向き合うことができます。

利用者の話のポイントをまとめて返してみると、部分的に違っていることもあります。そのようなときは、利用者自身が、「それはこうなんです」と修正してくれます。思い込みで話を進めないためにも、要約をして確認をしながら、利用者の話を聴いていきます。

態度（7）

POINT 16

開かれた質問

コミュニケーションの流れの中で、多く活用してほしいスキルです。これは、利用者の回答を「はい」「いいえ」に限定せずに、自由に語ってもらうことを目的とした言葉かけです。

こんなときどうする？

ある利用者さんが、自分のこれまでの人生で一生懸命取り組んだ思い出を話しています。

利用者が自由に話せるようにし、その話を介護職員は、繰り返しや要約のスキルを活用しながら聴きます。利用者がもっと話したいという感じになるように意識します。

うなずきや相づちだけだと会話が続かない

（利用者）　私は編み物が好きでいろんなものをつくったの。

（あなた）　そうですか。

自由に話せるような質問を心がけよう

（利用者）　私は編み物が好きでいろんなものをつくったの。

（あなた）　編み物の楽しいところはどんなところですか。

ここがポイント！ ここに注意！

うなづきと相づちだけだと、「そうですか」のように受容だけとなってしまい、質問の言葉が入らないために、尻切れたような感じになります。また、それに続く利用者の答えは、「そうです」というイエスで終わってしまい、いずれにしても会話は続かなくなります。続く場合には、利用者が話を聴いてほしくて話を続けることになるでしょう。

開かれた質問をする重要な目的に、情報収集のためにたくさん話をしてもらうこともあります。「編み物でどんなものをつくったのだろう」「一番大きな作品はどれくらい時間がかかるのだろう」「つくったものはどうしたのだろう」など、利用者が言葉にしていない部分を、開かれた質問によって理解していきます。開かれた質問をするためには、利用者に興味を持つことが大切です。

POINT 17 態度(8)

閉じられた質問

利用者が「はい」「いいえ」で答える、限定された質問です。契約や内容などが間違っていないかを確認するときに必要なスキルです。大事な場面では、意識して使います。

こんなときどうする?

ほかの利用者さんにお菓子を盗られたと訴えている利用者さんと、話をしています。

「ご飯にしますか。パンにしますか」などの選択肢的な質問も、閉じられた質問です。利用者には、自由に話せたという感じがわかない状況にもなりますので、閉じられた質問を連発しないことも重要です。

✕ 目的を明確にするための質問が大切

（利用者）　いつもあいつが俺の部屋に入ってお菓子を盗っていくんだ！

（あなた）　またですか。しょうがないですね。置き場所を変えてはどうですか。

○ まず大事なことを確認しよう

（利用者）　いつもあいつが俺の部屋に入ってお菓子を盗っていくんだ！

（あなた）　お菓子がなくなったんですね。

（利用者）　そうだ。

（あなた）　お菓子がなくならないようにしたいというご相談ですね。

ここがポイント！ ここに注意！

まず、何を目的として利用者は相談しようとしているのかを明確にしなくてはなりません。事実を確認するために、「はい」「いいえ」で答えてもらいます。何について話を聴けばよいかを利用者とともに確認したら、開かれた質問で多くの情報を話してもらいます。大事なところは閉じられた質問で確認し、確認できたら開かれた質問で自由に話してもらう。また大事なところが出てきたら、閉じられた質問で確認する。という流れを繰り返していくことになります。

閉じられた質問の効果や使い方を間違えると、質問攻めの取り調べのようになってしまいます。利用者には、聴いてもらった感がわかないので、信頼関係形成が難しくなることもあります。

POINT 18

肯定的な言葉

やる気に影響する言葉は、肯定的な言葉です。否定的な言葉で叱咤激励するより、温かい言葉によって、利用者が自分は大切にされていると感じるような言葉を伝えていきます。

こんなときどうする?

廊下に整理して置いてある車いすを、いつもいじってしまう利用者さんがいます。

否定語の「～しないでください」「～を止めてください」といった言葉は、しないようにと考えれば考えるほど、意識がその方向に行くことになります。

否定的な言葉で注意すると、意識がそこに向きやすい

（あなた）　その車いすに触らないでください。

（利用者）　触らないで……。

（あなた）　きちんと並べているんです。崩さないでください。

肯定的な言葉を使おう

（あなた）　車いすをそのままにしていただけますか。

（利用者）　そのまま……。

（あなた）　はい。そうです。ありがとうございます。

ここがポイント！ ここに注意！

目標設定する際にも肯定的な言葉は有効です。「〜しないようにしたい」と表現しがちですが、その言葉の裏のメッセージは何だろうかと考えてみましょう。

たとえば、「ダイエットできない」と否定的に表現した場合には、「体重をコントロールしたい」などの肯定的な言葉に変更すると、意欲としての表現にもなっていきます。肯定的な言葉は、背中を押してくれるような感じに響いたりします。できないという部分にばかり目を奪われるのではなく、人としての全体を見ることができるようになると、肯定的な言葉もたくさん出てきます。

肯定的な言葉を言われ慣れていない場合には、肯定的な言葉を受け取ることが苦手だったりします。肯定的な言葉に慣れてくると、受け止め方も言葉の伝え方も自然体になっていきます。

POINT 19 態度(10)

ティーチング(指示・助言)

利用者の自立度が低かったり、危機的状況にある場合には、指示や助言が必要です。課題解決を図りながら、少しずつ自立していくことができるようにしていきます。

こんなときどうする?

ある利用者さんはいつも死の恐怖を訴えてきます。まだ新人の介護職員は対応に苦労します。

利用者の自立支援が介護の目的です。初めから指示をすることありきではなく、どこができずにいるのかを見極め、できない部分に対して、助言「~はいかがでしょうか」や指示「~してください」をしていきます。

× 安易な助言は逆効果になることも

（利用者）　一日中何もすることがないから、いつも死んだらどうなるのだろうって考えます。

（あなた）　気分転換をされたほうがいいですよ。

（利用者）　気分転換なんてどうすればいいのよ。人は死ぬときは死ぬのよ！

○ 年長者への言葉であることを忘れずに

（利用者）　一日中何もすることがないから、いつも死んだらどうなるのだろうって考えます。

（あなた）　死んだあとのことは誰も見たことがないので不安になりますよね。死への恐れや不安は、誰にとっても共通のものだと感じています。

ここがポイント！ ここに注意！

指示や助言では、言葉を選ばないと利用者が憤慨することもあります。つまり、年下の者に命令されたとなると、バカにされた感じや見下された感じになります。利用者の主体性を尊重するという視点を忘れることなく、あくまでもワンダウンのポジションで、助言や指示をしていきます。「～していただけますか」や「～しませんか」のように、提案型の表現を用いると受け入れやすくなります。

利用者は、いつも弱い立場なのではなく、本来持っている力を発揮することができない状況にあるわけです。したがって、助言や指示が必要である部分はどこかを見極めなければいけません。

POINT 20 態度（11）

コーチング

利用者の能力を最大限に引き出し、自発的な行動を促進することを目的としたコミュニケーションスキルです。介護職員が答えを出すのではなく、利用者が答えを出すようにかかわっていきます。

こんなときどうする？

置き忘れが目立つ利用者さんです。眼鏡の置き忘れがよく見られます。

利用者が答えを出すことができるように、「どのようにすればよいとお考えですか」「どのようにしたいとお考えですか」など、開かれた質問を用います。介護職員は、利用者の言葉に対して支持するような言葉をかけます。

本人もわかっていることを指示すると反発されがち

（利用者）眼鏡がいつもなくなって本当に困ったものだ。

（あなた）いつも同じ場所に置いてくださいって、何度も言っているじゃないですか。

（利用者）それができないから困ってんじゃないか！

相手の考えを支持して実行しよう

（利用者）眼鏡がいつもなくなって本当に困ったものだ。

（あなた）なくならないようにするには、どうしたらいいとお考えになりますか。

（利用者）テレビの前に眼鏡用の箱でも置くか。眼鏡入れって大きく書いて。

（あなた）それはいいお考えですね。早速準備してみましょう。

ここがポイント！ ここに注意！

他人からアドバイスされたことは、自分が知らずにいて本当に役立ちそうだと感じれば実行します。しかし、実は自分でも知っていることだと「そんなのわかっている。できないから困っているんだ」という状況になります。

困っている状況を改善するためには、これまでのやり方を変えていくことが重要ですから、違う方法であり、本人が自ら実行できる状態のものでなければなりません。他人から言われたことではなく、本人が実現可能なレベルでアイデアを出すと、意欲的になり効果的な結果をもたらします。利用者が提案した考えを支持していくことは、利用者の決定を尊重することにもなります。

POINT 21

価値観

人は、それぞれ大切にしている価値観があります。価値観には、その人が大切にしていることが表現され、その人となりを知ることができます。

こんなときどうする?

ある利用者さんは、整理整頓が苦手なようです。買い物袋をいろいろな引き出しに入れています。

心理的距離が近い場合は、親しさを増すと言われています。好意を持っている場合の関係性を観察すると、距離が小さくなります。

自分の価値観を押し付けてはいけない

（あなた）　この買い物袋、何するんですか？

（利用者）　必要になったら使うから、しまっている。

（あなた）　必要ないから、捨てますね！

相手が安心できる距離感を大切にしよう

（あなた）　この買い物袋、何するんですか？

（利用者）　必要になったら使うから、しまっている。

（あなた）　そうですか。では、そのときすぐに取り出せるように、お手伝いしますので、まとめてしまってみませんか。

ここがポイント！ ここに注意！

利用者と馴染みの関係になると、自分の価値観で快・不快を決めてしまいがちです。自分は不快だから、利用者も不快だろうと考えがちになります。職員の価値観の押し付けは、利用者にとって不快になることもあります。

利用者との信頼関係ができても、自分と利用者は別々の人格の持ち主であることを忘れてはいけません。

また、スキンシップは良きものと誤解していることもあります。スキンシップによって安心感が増す利用者もいれば、触られるのが嫌いな利用者もいます。何を快とする利用者であるか把握することが、相手を尊重することになります。

POINT 22 態度(13)

受容

利用者の話を、介護職員としての自分の価値観を交えずに、あるがままに受け入れることです。自分の価値観で、利用者を批判したり評価したりするのではなく、利用者の話すことや表出される感情を、そのまま受け入れるのです。

こんなときどうする?

ある利用者さんは、いつも同じことを話に来ます。それも、記録を書き始める時間が近づくと話し始めるのです。

社会福祉学者のバイステックが、援助関係の7原則をあげていますが、そのひとつに受容があります。受容の仕方としては、いったん自分の感情を脇に置くという言い方もよくされます。

× 話を止めさせるような、拒絶する対応をしてはいけない

（利用者）　私は毎年梅干を漬けていたんだよ。

（あなた）　毎日その話していますね。

○ 相手の話をそのまま受け入れ、向き合うようにしよう

（利用者）　私は毎年梅干を漬けていたんだよ。

（あなた）　毎年つくっておられたんですね。

ここがポイント！ ここに注意！

業務に追われていると、早くしなきゃという気持ちや面倒なことにかかわりあいたくないという気持ちが起きてくることもあります。そのような自分の気持ちに、まず気づくことが大事です。気づいたら、その気持ちを脇に置くという意識によって、利用者の話に向き合う心の状態をつくります。

自分の心の声ではなく、利用者の声を聴くことができるようにし、利用者の話したことをそのまま受け入れます。「これから記録を急いで書かなきゃいけないのに、こんな話に付き合っていられないよ」などのような自分の心の声が聞こえるとすれば、話を止めさせるような言葉かけになってしまいます。つまり、聴くに値しない話とどこかで評価しているのです。

態度（14）

POINT 23 客観的な傾聴

利用者のために集中して聴くことです。利用者が話した言葉だけではなく、非言語コミュニケーションをとらえる聴き方をします。利用者が興味や関心を持っている内容について、利用者にとってどのような意味があるのかを大切にしましょう。

こんなときどうする？

ある利用者さんは、よく特定の職員を名指しして訴えてきます。

自分の興味や関心を一旦手放し、利用者の話し方や話の内容に集中します。話をしている利用者そのものに意識を向けていきます。

✕ 相手の話を聞かず、自分の考えを押し付けてはいけない

（利用者）　あの職員が、いじわるする！

（あなた）　そんなことはないですよ。あの人はいい人ですよ。大丈夫ですよ。

○ 相手が本当に話したいことを理解するよう努めよう

（利用者）　あの職員が、いじわるする！

（あなた）　いじわるするように感じるのですね。どのようなことか教えていただけますか。

ここがポイント！ ここに注意！

介護職員が「そんなことはない」と判断する根拠は何でしょうか。利用者の話を聞いてはいるけれど、実は頭の中で、対象にされている職員を思い浮かべ、「いじわるなんて言われたらかわいそうだから、この利用者にその考えは違うと伝えなきゃ」という自分自身と対話しているのです。そして、「いい人だから大丈夫だ」と強引な解釈を利用者に押し付けようとしているのです。

大丈夫だから安心してというアドバイスのつもりかもしれませんが、これらは職員の考えを押し付けているだけなのです。自分の関心である「あの職員は」という気持ちを一旦手放し、利用者の話し方に意識を向けていきましょう。どのような表情で話をしていますか。どのような声のトーンでしょうか。利用者が本当に言いたいことが理解できるはずです。

態度（15）

POINT 24

共感

利用者が感じている感情を自分の感情として知覚することによって、利用者が介護職員に「わかってもらえた」と感じるようにかかわることです。利用者の感情と同じような状態を理解できるように、介護職員は自分の感情を吟味しなくてはいけません。

こんなときどうする?

とても言いづらそうに、昨夜の出来事を話に来られた利用者さんがいます。昨夜は、体調が悪くなったようです。

利用者の話を聴いて、自分の感情が揺さぶられることは共感ではありません。自分の感情は脇に置いて、利用者の世界に入り込み、その世界で利用者はどのような感情の状態にあったのかを探っていきます。共感は利用者の感情が中心になります。

表面的な言葉だけで感情を判断してはいけない

（利用者） 昨夜、急にお腹が痛くなったんです。ひとりで我慢していました。

（あなた） もうよくなったんですね。

相手の感情に共感しよう

（利用者） 昨夜、急にお腹が痛くなったんです。ひとりで我慢していました。

（あなた） ひとりで不安だったでしょうね。

ここがポイント！ ここに注意！

共感するためには、利用者の言葉の裏側に隠された感情は何かと探っていくことが必要です。ここで感じる感情は、話を聴いた介護職員としての感情ではなく、利用者が感じた感情を体験していくことになります。

深夜にひとりで痛みを我慢したと話したときの、利用者の非言語コミュニケーションに注目しましょう。表情をニコニコさせ明るく元気に話してくれるのであれば、「今はどんな状態ですか」と言葉かけしてもよいでしょう。声のトーンが低く、伏し目がちに話をしているようでしたら、昨夜の出来事を思い出している状態ですので、利用者はそのときの感情にひたって話していると言えます。話している様子と同じ状態をイメージして、自分の中にどのような感覚がわいてくるでしょうか。それが共感の言葉として、利用者に伝える言葉かけです。

Column 介護の基礎知識

●アセスメント（関連 ➡ Point30、37、62）

利用者の何が問題を引き起こす要因となっているかを検討していくために、利用者の状況に関する情報を集めていくことが大切です。この作業をアセスメントと位置づけ、介護職員のアセスメントは、利用者の日常生活の中からとらえていきます。日頃のコミュニケーションの中から情報を集めていくことが多くなります。

利用者のしている活動に着目していくと、本来はもっとできそうなのに実際にやっていない状況が見えてきたりします。すると、している活動とできる活動のギャップが明確になりますので、できる能力を維持する介護職員の支援が重要です。できる能力を維持するために阻害しているものはないか、阻害しているものがあった場合に、どのようにすればよいか、これら一連のことについて、利用者自身の思いを聞くことを大切にします。

なぜ本人の思いを聞く必要があるのでしょうか。利用者の生活の主役は本人ですから、利用者自身が納得しない場合には、介護職員からやらされるというやらされ感により、機能向上効果が現れにくくなることがあります。

第2章

場面別コミュニケーション

日常の介護場面での会話をひもといていきます。介護職員が何気なく言った言葉が、利用者を不快な思いにさせることがあります。利用者とのコミュニケーションの際には、介護職員として支援していることを意識し、利用者の状態に合わせた言葉を選びます。

POINT 25 食事介助（1）

離床

生命維持のために食事は欠くことができない、毎日の行為です。食欲を満たすこと以上に、食事を楽しむという生活の質の向上を意識しながら、食事介助を行います。

こんなときどうする？

ベッドに臥床している利用者さんがいます。そろそろ昼ご飯の時間になりました。

もうすぐ昼ご飯の時間です。いつまで寝ているんですか。起きましょう。
…ああ…、痛いな～！急に起こさないでよ。

一日３回食事をすることは、生活リズムをつくることになります。食事を楽しむという点では、利用者の嗜好や誰とどのように食べるかといった環境づくりも大切です。

◯ 覚醒状態を確認し、同意を得てから離床介助しよう

（あなた）　〇〇さん、こんにちは。ご気分はいかがでしょうか。

（利用者）　あ～、何だね。

（あなた）　お昼ご飯の時間になります。食堂へ行く準備をしませんか。

（利用者）　あ～、そんな時間か。じゃ、お願いするよ。

プラスα　離床の目的

寝たきりを予防するために、日常生活をベッドから離れて過ごす時間を確保することが、心身機能の維持・向上には重要です。

すべての生活行為をベッド上で行うのではなく、座っていることが可能であれば、ベッドから離れて食事を摂ることができるようにするなどの支援によって、生活空間が拡大し**生活の質（QOL）**の向上につながっていきます。

ここがポイント！ ここに注意！

寝ているときには声をかけ、必ず覚醒状態を確認します。覚醒していない状態での食事は、誤嚥が起こりやすくなります。食欲や気分不良などがないかも、顔色や表情などから同時に確認します。食事の時間であること、そのために食堂へ行くことを説明し、同意を得てから離床介助を行います。

排泄の有無を確認し、必要であれば排泄介助を行います。

手洗いを済ませ、配膳の際には、食事内容を確認します。

POINT 26 座位

食事を楽しむためには、自分で食べるということも大切です。座位保持が可能であれば、ベッドから離れて食事テーブルや食堂で他者とともに食べることで、生活の質も向上します。

こんなときどうする?

食事が配膳されました。利用者さんに楽しく食事をしていただく介助をします。

配膳されています。
どうぞ召し上がってください。
はい。

食事用の自助具には、すくいやすい皿や、握りやすいスプーンやフォークなど、さまざまなものがあります。滑らないように工夫されたランチョンマットなどもあります。

何を食べるか考えたり、食事を楽しめるようにしよう

（あなた）　〇〇さんのお食事の準備ができています。

（利用者）　うん。

（あなた）　今日は、（メインメニューの説明）ですね。（副菜）もあります。ごゆっくりお召し上がりください。

プラスα　座位の種類

座位は、上半身を90°起こした体位を言います。

足を伸ばした状態で座ることを**長座位**（ちょうざい）、ベッドの端に座わることを**端座位**（たんざい）と言います。

自分の力だけでは不安定なために、背中や両脇などにもたれかかる物を置いて座ることを**起座位**（きざい）と言います。椅子に座る**椅座位**（いざい）の状態で体操などを行うことも可能です。

ここがポイント！ ここに注意！

食事をする姿勢を確認します。かかとがきちんと床に着いているか、身体の傾きがないか、テーブルが高すぎないかなど、環境面も整えていきます。

食事を目で楽しむことができるようにし、何を次に食べようかと考えることができるように支援します。

利用者の身体機能の状態に合わせ、箸以外の自助具について検討し、可能な限り自分で食事を楽しむことができるようにします。

消化液分泌を促し、食欲増進のために、汁物（お茶、味噌汁など）を先に飲むように支援します。

POINT 27

仰臥位

食事介助が必要な場合は、量や食べる順番などを、利用者に確認しながら、利用者のペースに合わせ、声かけを行います。

こんなときどうする?

ベッド上で食事介助が必要な利用者さんです。安全に食事介助を行います。

食事の時間です。
さあ、食べましょう。
……
早く食べてもらわないと、
次の人もいるんです。

摂食・嚥下機能を理解し、障害段階に応じた介助をします。

❶ **認知期**：視覚や臭覚から食べ物を認識する。
❷ **咀嚼期**：歯や舌で食べ物を咀嚼して、唾液と混ぜる。
❸ **口腔期**：咀嚼した食べ物をのどに送り込む。
❹ **咽頭期**：食べ物を飲み込む。
❺ **食道期**：食べ物を食道から胃へ送り込む。

○ 利用者のペースに合わせて介助しよう

（あなた）　お食事の時間です。今日の献立は、〇〇です。先にお味噌汁を召し上がりませんか。

（利用者）　はい。

（あなた）　今日の主菜の魚をほぐしましたので、いかがですか。

プラスα 誤嚥と介護食

誤嚥とは、飲み物や食べ物を飲み込む機能が低下し、誤って気管や気管支内に入ってしまうことを言います。その結果、肺の中で細菌が増殖し、肺炎を起こしてしまうことがあります。これが**誤嚥性肺炎**と言われ、高齢者の肺炎の中でも約70%を占めているという報告があるほどです。

咀嚼や嚥下が困難な場合は、介護食も検討しましょう。

きざみ食……食べ物を小さく刻んで食べやすくする。
軟菜食…………舌でつぶせるくらいに軟らかく煮たり茹でたりする。
ミキサー食…ミキサーにかけて液体状にする。

ここがポイント！ ここに注意！

ベッドは30度の仰臥位にして、膝関節を曲げることにより、腹筋の緊張を緩めます。頚部が伸展していると、食べ物が気道に流れやすくなり、誤嚥につながります。軽く顎を引いた姿勢になるようにします。

介助中は、利用者の喉を観察し、ゴクンと嚥下が行われたかを確認します。食べ物が口腔内にあるときは話しかけないようにします。口腔内の食物残留の有無を確認しながら、利用者のペースに合わせて介助します。

食事の最後はお茶や白湯で、口腔内の食べ物かすなどを除去します。

羞恥心への配慮

体内の不要物を体外に出すことが排泄です。人が生きていくうえで欠かせないものですが、他人に知られたくないという羞恥心を伴うものでもあります。

こんなときどうする?

軽度左上下肢麻痺の利用者さんです。移動には車いすを使用しています。ナースコールがあり排泄の希望を述べられました。

ナースコールでしたが、
何でしょうか。
トイレへ行きたいんだ。
今日はナースコールが
頻繁ですね。

排泄障害要因を観察し、その人にあった支援を行います。

❶ **加齢**　：身体機能低下、運動機能低下、腎機能低下など。
❷ **障害**　：膀胱や尿道の障害、直腸や肛門機能の障害など。
❸ **認知症**：排泄動作がわからない、トイレがわからないなど。

利用者の心情をくみ取ろう

（あなた）　どのようなご要件でしょうか。

（利用者）　トイレへ行きたいんだ。

（あなた）　かしこまりました。では、ゆっくりで結構です。車いすへ移りましょうか。

プラスα　ポータブルトイレ

トイレへの移動が困難な場合に、ポータブルトイレを使用することによって、移動の負担軽減が可能となります。使用時には、衝立やスクリーンを使うなどプライバシーに配慮しましょう。

ここがポイント！ ここに注意！

支援するうえで利用者の羞恥心に配慮することは、繰り返し言われます。入浴や排泄の介助においては特に意識します。実は恥ずかしいと感じる気持ちは、散らかっている部屋を見られたくないなどもあります。

他人に裸を見られるのは恥ずかしいことです。私たちの日常では、個室で排泄することが当たり前です。排泄の場合には、臭いも伴い、さらに恥ずかしさが増すものです。

さまざまな機能低下によって、自分で排泄したいけれど、自分ではどうしようもできなくて介助をお願いしないといけない心情をくみ取ることが、羞恥心への配慮です。他者に聞こえるように、利用者の排泄に関することを言うのは厳禁です。

一方で排泄は、健康のバロメーターでもあります。介護職員にとっての利用者の排泄管理は、利用者が言葉にしないことを観察し、適切な支援に結び付けることができるものにもなります。

POINT 29 トイレ誘導

認知機能が低下している利用者の場合、尿意を意識できずに、そわそわした行動をとることがあります。結果、下着を汚してしまうこともあります。

こんなときどうする?

認知症のある利用者さんが、そわそわとテーブルの周りを行ったり来たりしています。ときどき、下腹部に手を当てることがあります。

何そわそわしているんですか。座ってください。
……
ほかの方の迷惑ですよ。座ってください。

利用者のどのような行動が、その人にとっての排泄サインなのかを日頃の観察から把握します。

Q 排泄パターンを理解し、トイレへ誘導しよう

（あなた）　〇〇さん、こんにちは。お腹が何か感じるんですか。

（利用者）　……（下腹部に手をやる）

（あなた）　私に、ちょっと付き合ってください。（トイレ方向へ誘導）

プラスα　トイレの室温

冬場にトイレに行くと急激な温度変化を感じます。温度差は急激に血圧や脈拍を上昇させ、心臓発作などを起こさせることもあります。小型のストーブや暖房便座などを取り付け、トイレを暖かくする工夫も大切です。

ここがポイント！ ここに注意！

近年は排泄用品も改良され、夜間ぐっすり眠るために尿の吸収量を多くしたり、活動的になれるパンツタイプの紙オムツがあったりします。失禁対応用のパットなども発売され、外出を楽しむこともできるようになりました。

利用者の排泄サインを見逃すと、失禁につながり、その結果着替え介助まで必要になります。利用者も介護職員も大事になってします。尿意や便意を感じない利用者さんの場合には、排泄パターンを理解するようにします。そわそわする時間、そのときの行為、排泄量、失禁した際の状況など、しばらく排泄記録を付け、傾向を読み解いていきます。さらに、水分摂取の時間や摂取量などとの関係も確認していきます。

それらから見えてきた、その人なりの排泄パターンに合わせて、トイレへ誘導すると、失禁が軽減することになります。

POINT 30 排泄介助(3)

オムツ交換

自尊心を傷つけることのないよう、プライバシーを確保して排泄介助を行います。利用者ができる部分は自分でやってもらうようにします。

こんなときどうする?

常時オムツを使用している利用者さんです。夕食前にオムツ交換をしますが、どうも便の臭いがするようです。

○○さん、
何かにおいますね。
変えないといけませんね〜。
…すみません…。
あっ、冷たいっ!

オムツへの排泄時は、湿潤や汚染で皮膚が炎症を起こしてしまう可能性があります。速やかに交換し、清潔保持を心がけます。

十分に配慮し、できる範囲で協力してもらおう

（あなた）　〇〇さん、夕食に行く前に、排泄交換させていただきます。

（利用者）　はい。

（あなた）　痛いところなどないですか。

（利用者）　はい。

（あなた）　では、交換します。

プラスα　脱水症状

高齢者は、のどの渇きを訴えることが少なく、気がつかないうちに脱水症状を起こしたりします。尿量は1日1,000～1,500mlと言われますので、同量の水分を補給することが必要となります。

ここがポイント！ ここに注意！

介護職員の手が冷たくないか、陰部洗浄の際に適温の微温湯となっているかを確認します。排泄交換時には、利用者の皮膚の状態を観察します。発赤や痛みなどがないかなどを確認します。

ベッド上で尿器を利用したり、ベッドサイドでポータブルトイレを利用したりする際には、排泄音にも配慮しましょう。

利用者のADL（参照→92ページ）をきちんとアセスメント（参照→58ページ）すると、動作協力をお願いする部分が明確になります。利用者のできる機能を積極的に活用します。利用者の意識を介護職員と同じ方向に向けてもらうだけでも、介助しやすくなったり、軽く感じることができたりします。

POINT 31 福祉用具の利用

入浴により末梢血管が拡張し、循環が良くなったり、新陳代謝が促進されます。リラックス効果をもたらし、安眠や食欲増進につながったりもします。

こんなときどうする?

入浴好きの利用者さんですが、居室で転倒したことから、入浴に対する不安感や恐怖感があります。

○○さん、
お風呂に行きましょう。
う〜ん、お風呂かぁ。
大丈夫ですよ。
怖くないですよ。
お風呂大好き
じゃないですか。

副交感神経の働きが高まる湯温は 38 〜 40℃とされています。42℃以上の熱めの湯は、血圧上昇を招き、心臓に負担をかけてしまいます。

不安を解消するための工夫をしよう

（あなた）　〇〇さん、お風呂の時間になります。調子はいかがですか。

（利用者）　う～ん、お風呂かぁ。

（あなた）　バスチェアーと手すりを準備します。浴槽のまたぎが楽になると思いますよ。

（利用者）　少し不安がなくなるね。

プラスα　福祉用具専門相談員

利用者の生活の質の向上を目指し、利用者の状態や障害の度合いに応じて福祉用具の選び方や使い方についてアドバイスする専門職です。福祉用具貸与事務所には、2名以上の福祉用具相談員を必ず配置することが定められています。

ここがポイント！ ここに注意！

お風呂場は滑りやすいので、安全を重視します。補装具などを装着している利用者は、はずした状態になりますので、より歩行が不安定になります。

入浴は、プライバシーに配慮し、入浴を楽しむことができるような環境整備も必要です。

バスボードなどの福祉用具を活用し、利用者が水平移動できるようにすると、立ち上がりのふらつきを予防することができます。

シャワーなどの湯温は、まず介護職員が自分の手の甲で温度を確かめてから、利用者の健側の手で、湯温を確認してもらいます。末梢から中枢にかけてシャワーをかけ、洗いますが、利用者ができる部分はやってもらうようにします。

POINT 32 入浴介助(2)

機械浴

立位保持や座位保持が困難な場合に、機械浴を行います。安静が必要な場合や、全介助が必要な場合に利用します。

こんなときどうする？

寝たきり状態で両下肢麻痺の利用者さんです。最近、両上肢に機能低下が見られます。

機械の操作で、利用者の体に傷をつけることのないよう注意を払います。利用者がストレッチャーから転落しないよう、泡を流したか確認をします。

適切な言葉かけを行おう

（あなた）〇〇さん、安全ベルトをしました。安全握りバーを握っていただけますか。

（利用者）はい。

（あなた）少しずつお湯につかっていきます。気分が悪くなったら教えてください。

プラスα 機械浴の種類

リフト浴……立位が困難であるが座位保持が可能な場合に、入浴用のいすに座り、そのいすが上下左右に電動昇降することで浴槽に入る方法。

ストレッチャー浴……ストレッチャーに寝た姿勢でベルト等を使い固定し、ストレッチャーが上下に電動昇降することで浴槽に入る方法。

チェア浴……いすに座ったまま浴槽に入ると、お湯がたまる。上下に昇降しないことで利用者は安心して入ることができる。

ここがポイント！ ここに注意！

脱衣場の室温を適切に管理し、24±2℃にします。脱衣場では、保温と羞恥心に配慮し、バスタオルで全身を覆います。洗い場では、陰部をタオルで覆い、介護職員が湯加減を確認し、介護職員自身の手の甲にシャワーを当てながら利用者の足先にお湯を当て、湯温に慣れてもらいます。心臓から遠い部分から、シャワーを当てていきます。せっけんで洗ったら、その都度洗い流し、ストレッチャーで体位変換する際に滑らないようにします。全身を洗いながら、皮膚の状態を観察します。リラックスできるような言葉かけをしながら、心臓に負担のかからない水位を確認します。

入浴前と入浴後の水分補給を忘れないようにしましょう。

入浴介助(3)

POINT 33

清拭

入浴が不可能な利用者の場合に、清拭を行います。血行を良くしたり褥瘡を予防したりする目的があります。入浴と比較すると、利用者の体力的負担を軽減します。

こんなときどうする?

寝たきり状態で、日常生活は全介助の利用者さんです。最近熱があったので、体力を考慮し清拭を行います。

○○さん、
体拭きますね。
顔からね。はい。
(顔全体にタオルをかける)
……。

入浴やシャワー浴ができない利用者には、部分浴を提供します。部分浴には次のような方法があります。

❶ **陰部洗浄**
❷ **手浴**
❸ **足浴**
❹ **洗髪**
❺ **清拭**

反応を確認しながら介助しよう

（あなた）　〇〇さん、お風呂はまだ無理なので、体を拭きませんか。

（利用者）　そうだね。頼むよ。

（あなた）　タオルが熱かったりしたらおっしゃってくださいね。

プラスα　清拭の方法

目頭……分泌物がたまりやすいので、目頭から目じりの方向に拭く。

腋窩……汗をかきやすいので丁寧に拭き、清潔を保つようにする。

腹部……腸の走行に沿って「の」の字を書くように拭く。少し力を抜いて、腹部マッサージをするようにすると便秘予防にもなる。

ここがポイント！ ここに注意！

発熱によって汗をかき、体がかゆくなったりします。体がかゆくなってイライラしたりすることもありますので、入浴ができないときには、清拭をして爽快感を得てもらう支援が必要です。清拭の目的は、感染症を予防するために皮膚や粘膜の汚れを除去することがあげられます。清拭時には、皮膚が赤くなり発赤ができていないかなど、全身状態を観察します。発赤が褥瘡となってしまうことのないよう、早期対処が必要です。

利用者のできる部分は自分でやってもらうことを心がけましょう。顔などは、自分で拭いてもらい、十分にできていない部分を介助します。

POINT 34 着替え

身支度を整えることは、生活への張り合いともなります。個人の好みや価値観を表現することにもなり、精神的満足感を支援する目的もあります。

こんなときどうする?

右上下肢麻痺のある利用者さんです。発病前は、とても社交的でした。現在は、面倒だとパジャマのまま過ごすこともあります。

いつまでパジャマでいるんですか。
着替えが大変なのよ。
着替えの楽な洋服を準備したらどうですか。

おしゃれを楽しむことは、利用者の生活意欲を引き出すことにもつながります。社会生活への適用を促すことにもつながります。

好みを優先しつつ、できない部分を介助しよう

（あなた）　〇〇さん、素敵なお洋服に着替えませんか。お手伝いしますよ。

（利用者）　あのワンピースが着たいんだけど、自分じゃできないの。

（あなた）　ワンピースですね。右側を手伝いますので、着てみましょうか。

プラスα　高齢者のおしゃれ

手指の機能低下により、ボタンの着脱が難しくなることがあります。そんなときは、マジックテープで前を開け閉めできるようにして、飾りボタンを付けたりして工夫します。いつまでもおしゃれを楽しめる支援を心がけましょう。

ここがポイント！ ここに注意！

障害を負ったあとで残された機能を「残存機能」と呼びます。介護職員は、利用者の残された機能を活用することによって、自立できる範囲を広げていくよう支援します。

利用者の好みを優先しますが、心身状態に合わせて形や素材を選ぶことも必要です。利用者の生活場面に合わせて、おしゃれを楽しむことができたら、外出の意欲が高まり、できなかった機能が回復したということも稀ではありません。おしゃれする目的が見出せると、そのためにリハビリテーションに取り組むようになることもあります。できるだけ利用者自身ができるようになるよう支援します。

全介助の利用者の場合には、マジックテープで工夫された衣類や、伸縮性に富む素材を用いることも検討しましょう。

片麻痺のある利用者の介助は、「脱健着患」の手順で行います。

爪切り

指先で物をつかむことができるのは、爪があるからです。つま先に力を入れて歩くことができるのも、足指に爪があるからです。

こんなときどうする?

左上下肢麻痺のある利用者さんです。爪切りがなかなか自分でできない状態です。

○○さん、
爪が伸びていますよ。
そうかな〜。
汚れていますよ。
切らないと
いけませんね。

爪は、毎日成長しています。足の爪は手の爪よりも伸びるのが遅いとされます。爪の手入れも衛生保持のために大切です。

できない部分を介助しよう

（あなた）〇〇さん、ご自分で爪切りは大変ではないですか。

（利用者）そうなんだよ。自分ではできないところがあってね。

（あなた）できないところをお手伝いしましょうか。

プラスα 爪の切り方

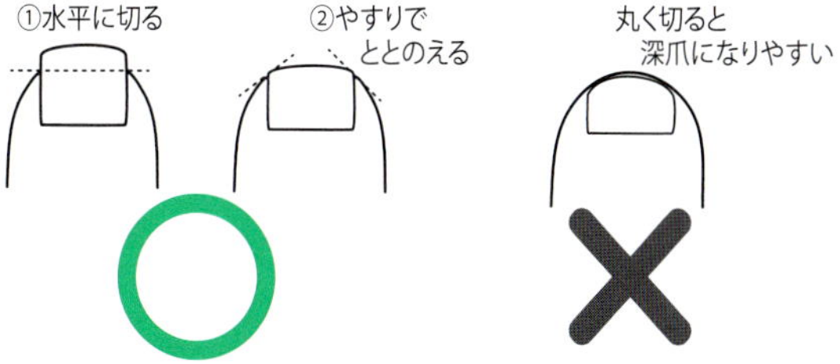
①水平に切る
②やすりでととのえる
丸く切ると深爪になりやすい

ここがポイント！ ここに注意！

爪がのびると皮膚との間に汚れが溜まりやすくなります。また、自分の爪で皮膚を傷つけたりすることもあります。

爪切りは医行為とされていますが、① 爪に異常がない、② 爪周辺の皮膚に化膿や炎症がない、③ 糖尿病など専門的管理が不要である、という場合に、介護職員が爪切り介助を行うことが可能となりました。

深爪を避けて、爪の白い部分が少し残るように切ります。巻き爪などの異常がみられる場合には、医療職員に依頼するようにします。

爪のカラーリングを楽しむ利用者もいます。そのような場合にも、爪の状態を観察するようにします。

身支度の介助(3)

POINT 36 口腔ケア

口腔ケアは、口腔内の細菌繁殖予防や全身的な感染予防につながる大切な行為です。口腔内自浄作用が促進されることを目指します。

こんなときどうする?

右上肢麻痺があり、関節も拘縮している利用者さんです。なかなか、丁寧に歯ブラシをあてることができません。

○○さん、口臭がすごいですよ。
えっ?!
ちゃんと歯磨きしてください。

高齢者の場合、薬やストレス、糖尿病などによって、唾液の分泌が少なくなり、口の中やのどが乾燥するドライマウスになりやすく、口腔内の清潔保持が必要です。

状態を確認しながらケアしよう

（あなた）　〇〇さん、歯磨きのしにくさはありませんか。

（利用者）　右の奥が難しいな。

（あなた）　歯ブラシが届きにくい感じでしょうか。磨き方を確認してみましょうか。

プラスα　口腔ケアの必要性

口の中の細菌が、感染性心内膜炎、敗血症、虚血性心疾患、誤嚥性肺炎などの全身疾患に関係しているため、清潔にしておくことが重要です。

ここがポイント！ ここに注意！

特に利き手が麻痺した場合、細かい部分に歯ブラシをあてることが難しくなります。食物残渣に気づかずに、口臭の原因になったり、虫歯や歯周病を招いたりします。

歯ブラシをペンを持つように握り、毛先を歯に90度、歯肉溝には45度にあて、1本1本をマッサージするように磨きます。うがいを「ブクブク」するように意識してもらい、食物残渣を除去するようにします。

義歯洗浄の場合、利用者の下の義歯を先にはずすと扱いやすいとされています。装着するときは、上の義歯からとされています。義歯は歯磨き剤を使わず、流水でブラシを使って洗います。歯磨き剤は摩耗や変形を招くために避けます。就寝前には義歯をはずし、義歯の床下粘膜の血行障害を予防します。

家事の介助(1)

POINT 37

調理

調理作業には、献立作成、食材選択、購入と金銭出納、調理手順、調理技術、調理器具の取り扱いなどがあります。

こんなときどうする?

軽度認知症のある利用者さんは、お料理が得意でした。家族は、火のもとが心配という理由から、料理を禁止してきました。

調理を遂行するための知的能力や身体機能が必要となります。調理という目的の中に、多くの機能を活性化させる効果もあります。

調理過程に参加できるような工夫をしよう

（あなた）　〇〇さん、このにんじんはどう切ればいいか教えていただけませんか。

（利用者）　少し大きめのほうがいいわね。

（あなた）　こんな感じですか？

プラスα　五味

五味とは、甘味、塩味、酸味、旨み、苦味のことを言います。加齢とともに味覚機能も低下し、味の濃いものを好むようになります。塩分の取りすぎにならないように、形や色合い、匂いなどで工夫することも大切です。

ここがポイント！ここに注意！

近年、認知症の人の作業療法として調理を取り入れる事業所も多くなっています。利用者の状態に応じて、調理過程に参加できるような介護職員のかかわりが大切です。視力の状況や手指の動きなどをアセスメント（参照→58ページ）するとともに、利用者の調理参加の意向も把握します。参加への抵抗が強い場合などは、味見などから少しずつ興味を持ってもらうような声かけを継続していくことも必要です。

器選びや盛り付けなど、楽しくなるような工夫もしてみましょう。

食品を取り扱いますので、食中毒を出さないように細心の注意を払います。また、利用者のアレルギーの有無についても情報共有しておきます。

家事の介助(2)

POINT 38 掃除

清潔で住みやすい生活環境を維持するために掃除は欠かせません。生活をしていくうえで、健康を守るために掃除を行います。

こんなときどうする?

ある利用者さんは、収集癖があるようです。引き出しを開けると、スーパーのビニール袋や使ったあとの割り箸がたくさん出てきます。

わー、
これ何ですか!?
それは、
要るものだ。
こんなの使わないでしょう。
捨てますよ!

人間の体からは、髪の毛やフケなどが落ちます。それらを餌にする虫がわいたり、ダニ被害なども起こります。水回りでは、カビやハエや蚊が発生します。

利用者が納得できるようにしよう

（あなた）〇〇さん、大切にされているものがたくさんありますね。

（利用者）それは、要るものだ。

（あなた）これらの出番はいつですか。

（利用者）う〜ん。

（あなた）必要な分だけ大切にするというのはどうでしょうか。

ここがポイント！ ここに注意！

加齢によって指先が器用に動かなくなったり、力が入りにくくなったりします。そのため片づけることが億劫《おっくう》になってしまい、ひとつの場所に溜め込んでしまうことにもなります。物を大切にしたいという思いと、体が自由に動かないために整理できないという思いが利用者にはあるものです。

物のない時代を経験した利用者がたくさんいます。物を大切にするという気持ちから、安易に捨てることができずに溜め込んでしまうことがあります。利用者の行動の背景を理解しつつ、清潔な空間で生活することを支援します。介護職員が勝手な価値判断で掃除をしてしまうのではなく、利用者が納得しながら片づけや掃除に参加できるようにします。

介護職員が雑巾を絞って、利用者が拭くなど、利用者のできない部分を支援します。生活の導線に物が置かれたままになり、つまづいて転倒したりしないように確認し、習慣化できるようにします。

POINT 39 洗濯

毎日着ている服には、いろいろな汚れがつきます。汚れをそのままにしておくと、菌が増えて臭いや色がついたりします。

こんなとき どうする?

とてもきれい好きな利用者さんです。両手指に力が入りにくくなり、汚れを落とすことができなくなりました。

お気に入りの物なの。
汚れが落ちなくなったの。
古くなれば
仕方ないですよ。

洗濯物の繊維の種類によって、洗濯方法が違います。縮みや型崩れしやすいものは、ドライクリーニングをします。

適切な方法で洗濯してみよう

（利用者）　お気に入りの物なの。汚れが落ちなくなったの。

（あなた）　汚れのひどい部分に液体洗剤をつけてみましょうか。

（利用者）　そうしてみましょうか。

プラスα 衣服選びのポイント

適度な伸縮性……麻痺がある場合は可動域が狭くなるので、引っ張る力に耐える素材が着やすくなる。

低刺激……高齢者の皮膚は乾燥しやすいので、綿100%など天然素材のものが着やすくなる。

保温性・通気性……高齢者は体の冷えを感じやすいので、保温性が高く、汗がこもらない通気性の良いものを選ぶ。

扱いやすさ……軽くて薄く、何枚か重ねて体温調整ができるもの、洗濯など手入れのしやすいものを選ぶ。

ここがポイント！ ここに注意！

皮脂汚れや泥・土などの汚れが複合的に組み合わさると、汚れが落ちにくくなります。ゴシゴシこすると、繊維の奥に汚れを押し込んでしまい、生地を傷めてしまうこともあります。つけ置き洗いや高濃度の洗剤液を用いることによって、頑固な汚れが落ちたりします。

洗濯物を干す場合は、風に当たる面積が広くなるようにします。トレーナーなどの脇の下は乾きにくいので、逆さに吊るすと生乾きがなくなります。

利用者が座位でも洗濯物をかけることができるようにハンガーを工夫したり、外の物干しにかける部分を介護職員が手伝うなど、利用者ができることはやってもらうようにします。

POINT 40 送迎

デイサービスなどの利用時には、利用者の送迎が必要です。安全に送迎ができるように注意を払わなければなりません。

こんなときどうする? 右上下肢麻痺で、杖歩行可能な利用者さんです。送迎時は、奥様が玄関で対応してくれます。

おはようございます。
おはようございます。
では、行ってきます。

送迎は、利用者家族との関係を築く場でもあります。利用時の状況などを伝えたり、自宅での様子を教えてもらったりします。また、介護に対する相談を受けることもあります。

家族とも積極的に会話しよう

（あなた）　おはようございます。

（家族）　おはようございます。

（あなた）　お変わりありませんでしたか。

プラスα　送迎車は広告塔

利用者の送迎車には、事業所の名前が入っているものが多くあります。送迎しながら事業所を宣伝しているようなものです。いつでもどこでも、多くの人の目に触れていることを意識しながら送迎しましょう。

ここがポイント！ ここに注意！

送迎時に緊急事態が起きることもあります。送迎中は、利用者の状態の観察に努め、緊急時には適切な対応が図れるようにします。必要な連絡先リスト、連絡の順番など状況に応じて判断し対応します。

車への乗降介助には、複雑な動作が多々あります。利用者の頭部がぶつからないようにしたり、シートベルト装着により安全確保したりする作業があります。安全で安心な介助を行うことが前提となります。そのためにも、車のドアの開閉時の声かけ、出発時の声かけなど、利用者自身が自分の身体を守ることができるようにします。

家族から得た情報は、職員間できちんと情報共有し、サービスの質を維持するようにします。また、その日のサービス利用中の出来事を家族へ正確に報告し、在宅生活と介護サービスが切れ目なく続くように支援していきます。

Column 介護の基礎知識

● ADLとIADL（関連 → Point30）

日常生活動作をADL（Activities of Daily Living）と呼びます。具体的には、食事、排泄、入浴、着脱、整容などの日常生活で必要とされる基本的な行動のことです。このADLに支障をきたすと自分でできなくなり、介護を必要とする状態になります。介護サービスを提供する際には、何ができなくなっているためにどのような支援が必要なのかを見極めなければいけません。サービス精神だけで何でもやってあげるということをし続けると、利用者ができている機能を低下させ、できない状態をつくってしまうことにもなります。

IADL（Instrumental Activity of Daily Living）という言葉も専門用語としてよく使われます。手段的日常生活動作のことで、買い物や調理、洗濯、掃除、金銭管理、服薬管理、趣味活動、外出などのことです。日常生活動作（ADL）の応用動作とも言われるほど、複雑な動作になります。IADLの機能低下によって、生活の質の低下につながります。

どちらも自立した生活を営むために大切なことで、機能低下しないような日常の支援が重要になってきます。

第3章

コミュニケーション困難事例

介護職員はいつも一生懸命利用者のために頑張っています。しかし、頑張ってもそのことを利用者が受け入れてくれないと、介護職員にとっては困った利用者とネーミングしてしまうことになりがちです。一旦立ち止まって、丁寧に利用者の状態を見てみましょう。

POINT 41 レクリエーション活動（1）

不参加

こんなときどうする？

利用者さんをレクリエーション活動に誘うと断られてしまいました。その利用者さんは、いつもレクリエーションに参加しません。

私はやりたくない
みなさんと一緒にレクをしませんか？

参加したくない理由を確認しよう

（あなた）いつもレクをご覧になっていますね。どのような思いでおられるのですか。教えていただけませんか。

ここがポイント！ ここに注意！

なぜその利用者さんは、いつもレクリエーション活動に参加しないのでしょうか。その理由を話してもらったことはありますか。レクリエーション活動は何のためにするのでしょうか。

レクリエーション活動は、利用者ごとに違った目的があるはずですから、必要に応じた内容を提供できるように工夫が必要です。「レクリエーションは楽しい」という価値観は、職員の価値観であって、利用者の価値観と違っている可能性があります。価値観の点検が必要です。焦らずに、利用者の状況を観察していくことも必要です。

「しましょう」と「しませんか」の言い方にも違いがあります。後者は利用者へ選択肢を示し、自己決定してもらうために個人を尊重したものとなります。

POINT 42 中断

こんなときどうする?

レクリエーション活動をしている途中で、利用者さんがすぐに活動をやめてしまいます。

利用者のニーズを確認し、今後の活動にいかそう

(あなた) どのようなところが大変ですか?

(利用者) こんなに細かいこと、私わからないわ。

(あなた) そうなんですね。では、この部分以外は、続きをお願いできますか。

ここがポイント! ここに注意!

利用者が本音を言っている、とても大切な場面です。レクリエーション活動が、職員主導になっていないか点検するきっかけを、利用者は与えてくれています。レクリエーション活動の内容は、利用者のニーズに合っていますか。職員ができることしか、レクリエーション活動として提供していないという状況にありませんか。

個々の利用者のニーズに対応したレクリエーション活動をどのように展開していくか、職員に問われているのです。

共感的理解

こんなときどうする?

利用者さんが体をさすりながらいつも痛いと訴えます。どんな言葉をかけてよいか困ってしまいます。

ここがすごく痛くてね。
すごくつらいの。
いつになったら
この痛みはなくなる
のかしら。今朝も、
体が痛くて起きたの。
気にすれば
痛くなり
ますよ。

利用者の気持ちに共感を示そう

(あなた) 今朝は、どのような状況だったのですか。

ここがポイント! ここに注意!

慢性疾患により常に痛みを感じている高齢者も多くいます。利用者はその痛みを誰かにわかってもらいたいという気持ちで一杯なのかもしれません。つまり、これまで何度訴えても、きちんと聴いてもらったという感じがしていない利用者の場合には、繰り返し訴えるでしょう。

介護職員には、いつもの訴えと感じられてしまうかもしれません。いつも痛いのだから、気持ちの問題だとアドバイスしたつもりかもしれません。利用者の痛いという気持ちを受け止めることなしに、介護職員の価値観を押し付けてしまうと、利用者の中に聴いてもらえていないという気持ちが湧き、わかってもらえるまで、同じ行動を繰り返すことになるかもしれません。

痛いという状況に対して、共感的理解を示すコミュニケーションを大切にしていきます。

POINT 44 会話の広がり(2)

拒絶

こんなときどうする？

こちらから利用者さんへ一生懸命質問するのですが、会話が続きません。

何もしていない。
お家では何をしているんですか？

話したくないという利用者の気持ちを受け入れよう

（あなた）　お話をしたいのですが、よろしいですか？

（利用者）　何も話すことはない。

（あなた）　今日は、おひとりで過ごされたいのですね。

ここがポイント！ ここに注意！

美容院を例にとりましょう。疲れているときに、さまざまに話しかけられると、あなたはどんな気持ちになりますか？

マッサージを受けているときやタクシーに乗ったときなども、似たことがありますね。

自分は話をしたくないのだけれど、一方的に話されてうっとうしいと感じることはありませんか。もしかしたら「話さなければならない」という呪縛にとらわれていませんか？

本当のサービスとは、相手の状態に合わせることです。利用者の状態を受け入れることを繰り返していくことが大切。気長にかかわりを続けていくことです。

POINT 45 会話障害

こんなときどうする?

担当利用者さんは、重度心身障害のため、会話が困難です。何をやりたいのか、利用者さんの意志が確認できず困っています。

ひとつずつイエス・ノーを確認しよう

(あなた) これにしますか?

(利用者) あー…

(あなた) では、これにしますか?

(利用者) うー…

(あなた) そうですか。

ここがポイント! ここに注意!

障害によって会話が困難な利用者については、閉じられた質問を使って意思を確認していきます。普段のかかわりから、利用者の「はい」そうだということを意味するときの発話は何かを見つけていきましょう。同じように、「いいえ」違うということを意味するときの発話も見つけていきましょう。

ひとつずつ、利用者自身の言い方で、「はい」という意味と「いいえ」という意味を確認します。また、可能な限り選択は多くするように努めましょう。

他者の悪口(1)

POINT 46 客観的な視点

こんなときどうする？

ほかの利用者さんの悪口をいう利用者さんに、どう対応してよいか困ってしまいます。

あの人嫌い。
いつも自分勝手だし、うるさいし。
また何かアホらしいこと
言っているわね。嫌ね。

客観的な事実として受け止め、言葉を返そう

（あなた）　そんな風にお感じになられるのですね。

ここがポイント！ ここに注意！

利用者の話を聴く場合、介護職員は中立的立場をとることが重要です。誰にも加担しない聴き方を心がけます。

「そんなことを言ってはダメ」という「ダメ」の部分は、職員が自分の価値判断で評価した言葉となります。利用者の言葉を評価することなく、そのまま受け止めることが大切です。つまり、ここで受け止める点は、そう感じている利用者がいる、そういう気持ちになっている利用者がいるという客観的な事実で、そのことにのみ反応する言葉を返すことになります。

POINT 47 不満

こんなときどうする？

レクリエーション活動中、認知症の利用者さんをバカにするような話をし、不満を言う利用者さんへのかかわりに戸惑います。

この人たち
ルール覚えられないのよ！
ほかのことができないのよ！

不満を聞くための時間を確保しよう

（あなた）　レク活動の件で、○○さんのご要望をお伺いしたいのですが、お話いただけますか。

（利用者）　私は、もっと△△をしたいのよ。

（あなた）　そうですか。ご要望ありがとうございます。職員で検討する時間をいただけませんか。どうしたらできるか、考えてみたいのです。

（利用者）　希望が叶わないこともあるでしょ。

（あなた）　そういうことも考えられます。その場合はどうしたいですか。

（利用者）　仕方ないことよ。大勢がいるのだから。

ここがポイント！ ここに注意！

訴えた利用者が「不満」を言っているとわかっているのであれば、時間と場所を変えて、その不満を聞く時間を確保することが大切です。私の「不満」を聞いてもらったと、利用者が「満足」できるようなかかわり方により、利用者が変化していくことを長い目で見ていくことも必要です。

利用者の不満をクレームととらえるか、不満から利用者の本当のニーズが見えてくるととらえるか、介護職員にとっては大きな分岐点となります。

POINT 48

他者の悪口(3)

肯定的表現

こんなときどうする?

利用者さんが、ある職員の派手な外見が好きではないようで、そのことに対する返答に困ってしまいます。

私、あの人苦手なの。
キライ。
そうなんですか。
でも、いい人ですよ。

肯定的な表現を心がけよう

(あなた)　そんな風に感じられるのですね。

ここがポイント! ここに注意!

「そうなんですか」というのは、利用者の言葉の受容です。ここまではOKですが、その後、「でも」という言葉で、前の内容を否定してしまっています。つまり、利用者の言い分は一応聞いたけれど、私の言い分は違うわよと言わんばかり心理状態が反映され、「でも」と利用者の言葉を否定してしまうのです。

このようなときは、すべて肯定的な表現を心がけましょう。利用者がほかの利用者の悪口を言うときと同じように、客観的事実だけを受け止め、評価的な言葉は避けます。

POINT 49

ネガティブな発言（1）

冷静な対応

こんなときどうする？

利用者さんからいきなり言われた言葉にびっくりして、何の返答もできなくなってしまいました。

何があったのか教えてもらおう

（あなた）　何があったんですか（聞かせてください）。

ここがポイント！　ここに注意！

利用者から死という言葉を言われると、介護職員は驚いてしまい何も言えなくなってしまうということがよく起こります。そういうときほど、冷静になることを意識します。

利用者は、どのような言い方をしていますか。表情はどうでしょうか。死という言葉がでる背景、つまり何があったのかを利用者から教えてもらわなければいけません。話を聴くことによって、利用者は気持ちが変化することもあります。あるいは、違う問題が見えてくることもあるでしょう。

POINT 50 情報収集

こんなときどうする？

利用者さんの話を深めて聞こうと思い、居室を訪ねました。しかし、訴えることがネガティブな言葉ばかりです。

情報を集めて問題を見極めよう

（あなた）　眠れないと感じておられるんですね。もう少し、教えていただけますか。

ここがポイント！ここに注意！

眠れないという言葉に惑わされずに、冷静に事実を確認します。睡眠時間が少ないことを、眠れないと表現している場合もあります。布団に入るけれど一晩眠れずに朝を迎えてしまう状態なのか、長期間続いているのか、昨夜のことなのかなど、具体的に情報収集しなければなりません。

情報収集して初めて、眠れないという本当の問題を確定することができます。眠れないと利用者が感じている事実を受け止めましたよというメッセージを込めて、繰り返しの技法を使い伝えます。そして、情報収集するための質問をします。

ネガティブな発言(3)

POINT 51

感情のコントロール

こんなときどうする?

利用者さんと話していたら、だんだん泣き出しそうな表情になり、どうしていいかわからなくなってしまいました。

利用者が楽になれるように話を聴こう

(あなた)　これまでどんな生活をされてこられたんですか。

(利用者)　西の空を向いて、いつも泣いていました。

(あなた)　そのときのことが思い出されるのですね。

ここがポイント! ここに注意!

利用者に泣かれてしまうと困ってしまうという介護職員も多いのではないかと感じます。しかし、利用者の感情の世界に入っていくことが大切です。

涙は、情動の起伏による感情性のものがあります。悲しいときや悔しいときに思いっきり泣くという行為は、ストレスを排出し苦痛を和らげる効果があるとされています。ですから、利用者が十分に苦痛を吐き出し、楽になれるように傾聴していけばよいのです。利用者が過去を語ることで、自分の人生を整理していることにもなります。

POINT 52 認知症による混乱（1）

場所

こんなときどうする？

ショートステイ利用中の利用者さんが、5分に1回のペースで同じ訴えを繰り返すので困ってしまいます。

安心感を得るまで気長に向き合おう

（利用者）　私、いつ帰るの？

（あなた）　何か気になっていらっしゃることでもあるのですね。お話していただけませんか。

ここがポイント！ ここに注意！

認知症のある利用者の場合、なぜ自分がここにいるのか理解できずに、場所が変わったことで混乱してしまう場合があります。どこかわからないけれど、自分の家でないことはわかっていますから、不安や焦りにかられ、介護職員の説明など上の空になるでしょう。

その利用者の心情に焦点をあて、受け止めていくことを意識します。利用者が安心感を得るまでには時間が必要ですから、介護職員も気長に、繰り返し繰り返し利用者と向き合っていくことが必要です。

POINT 53 事実誤認 ①

こんなときどうする?

いつもの利用者さんとお茶を飲んでいたのですが、利用者さんが急に怒ったような口調になり、対応に困ってしまいました。

あなた何でここにいるの。ここは私の家なんだから、早く出ていって。勝手に入るなんてどういうことなの!

少し距離を置いて様子をみよう

(あなた) そうでしたか、それは失礼いたしました。

ここがポイント! ここに注意!

認知症高齢者の場合、事実を誤認してしまうことがよく起こります。誤認している部分を正そうとしても、大抵は徒労に終わってしまいます。認知症であっても、正常に物事を見たり考えたりできているときもあれば、様子がおかしいときが繰り返し現れることもあります。また、日によって症状が良かったり、悪かったりすることもあります。

認知症の症状によって事実を誤認し、さらに怒っているようなときは、距離を置いて様子を観察します。落ち着いてくると、そばにいてもまったく気にしない利用者になったりします。

POINT 54

認知症による混乱(3)

事実誤認 ②

こんなときどうする?

利用者さんが、事実と違うことを言います。どのように反応してよいかわかりません。

その言葉の背景にあるものを聞かせてもらおう

(あなた)　そうですか。大変だったのではないですか。

ここがポイント! ここに注意!

事実誤認がある場合には、利用者本人がそうだと思っていることを否定しても受け入れてもらえないばかりか、何てことを言う介護職員なのかと不信感を抱かれることにもつながります。利用者が「そうだ」と思っているという部分を受け入れ、どのような背景があるのか聞かせてもらうという姿勢で応答します。

介護職員から十分に受け入れてもらったと、利用者が感じることができるようなコミュニケーションを大切にします。これまで知らなかった利用者の新たな一面を知ることができるかもしれません。

POINT 55 感情失禁

こんなときどうする?

認知症の利用者さんの部屋へ行き、食堂へ誘導の声かけをしたところ、突然利用者さんが泣きだし、行きたくないと言います。

夕食の時間ですよ。
食堂へ行きましょう。
行きたくない……。

丁寧に声をかけ、落ち着くのを待とう

(あなた) 急がなくてもいいですよ。では少し時間を置きましょうか。

ここがポイント! ここに注意!

認知症による症状のひとつで「感情失禁」と呼ばれるものでは、突然泣き出したり笑い出したり、怒り出したりするなど、感情のコントロールができにくくなることがあります。

行きたくない原因は何か丁寧に聴いてみてもいいでしょう。もしかすると、介護職員が食事誘導の声かけをする直近に過去の出来事を思い出し、泣きたくなるような状況になったとも推測できます。いづれにしても、そういう状況の利用者を受け止め、様子をみながら落ち着くのを待つようにします。落ち着けば、行きたくない理由を話すかもしれませんし、自分が泣いていたことをすっかり忘れてしまうかもしれません。

POINT 56 怒鳴る

こんなときどうする?

面会に来られたご主人が帰られると、必ず暴れてしまう利用者さんがいます。落ち着いてもらうために、話をそらそうとするのですがうまくいきません。

○○さん、お風邪は大丈夫ですか。
大丈夫じゃないわよ!!
うるさいわよ!!

少し様子をみよう

(あなた) ○○さん、どうかされましたか。

(利用者) うるさいわね!

(あなた) ○○さんが落ち着くまで、お待ちしていますね。

ここがポイント! ここに注意!

暴言や暴力が見られる程の興奮状態の中では、介護職員が何かを言ったり気をそらせようとしても、余計に興奮が強くなることがあります。介護職員は対抗しようとしないで、少し様子をみます。「私は置いて行かれた」という寂しさや孤独感があるのかもしれません。もしかしたら怒りがあるから、暴れるという手段をとっているのかもしれません。

また、面会者と一緒に対応を考えることも必要です。暴力や暴言が出る原因は何かを丁寧に探ってみます。帰り際の面会者の言葉が受け入れられず、利用者は落ち着かなくなるのかもしれません。面会者に協力してもらって、利用者が安心できるような状況を共につくっていくことも必要かもしれません。

POINT 57

記憶障害

こんなときどうする?

認知症の利用者さんが、食事したことを忘れて何度も訴えます。

さっき、30分前に
食べましたよ。
ご飯まだかしら。

利用者が納得できるような言葉かけを心がけよう

（利用者）　ご飯まだかしら。

（あなた）　今、ご飯の準備をしているようです。準備ができたら、お声をかけますので、お待ちください。

ここがポイント！ ここに注意！

食事を与えてもらえないと、利用者は被害的な訴えとなっていますから、「食べましたよ。忘れちゃったんですか」という言葉かけは、さらに利用者を被害的感情にしてしまうことがあります。利用者が食べたことを覚えているかどうかという、記憶障害のレベルを確認するような質問をしないように心がけます。

「ご飯の準備」という事実と違う介護職員の返答になる場合もありますが、利用者が準備中なら待つかと納得できることが大切です。

訴えの繰り返し(2)

POINT 58 物忘れ

こんなときどうする？

何度も繰り返して同じことを聞かれ、戸惑ってしまいます。

イメージと関連付けて伝えるなどの工夫をしよう

（利用者）　あなたの名前は何と言うの？

（あなた）　吉田と言います。ヨシヨシいい子だね～の吉田です。よろしく願いします。

……

（利用者）　あなたの名前は何と言うの？

（あなた）　ヨシヨシの～、

（利用者）　あ～、よし…だ…ねぇ。違う？

ここがポイント！ ここに注意！

認知症の人は、短期記憶の保持が難しくなっています。新しく知った情報などは特に記憶としてとどまりにくく、思い出すことがとても難しくなります。また、聞いたことを忘れてしまうので、あたかも初めて会って名前を聞くように、質問することも珍しくありません。

わかりやすいイメージと関連付けて伝えるなどの工夫によって、認知症の人でも記憶できる場合があります。イメージと関連付けて思い出すことができるようなヒントを出すことによって、正しく言えることもあります。

納得

こんなときどうする？

一緒にレクリエーション活動をしていた利用者さんに、「明日も一緒にやろう」と言われ、約束しました。いざ、その日になってみると、事務的な用事でレクリエーション活動ができませんでした。しかし、利用者さんは何度も「一緒にやろう」と言い続けます。

○ 事情を説明し納得してもらおう

（あなた）　昨日お約束していたレク活動の件ですが、急に○○の仕事が入りました。あと1時間位かかりますが、そのあとでもよろしいでしょうか。

（利用者）　わかったよ。

（あなた）　ありがとうございます。では、○時にお伺いいたします。

ここがポイント！ ここに注意！

「待っていてください」と言えば、利用者はその言葉を信じて待ち続けます。いつまで待っても職員が来ない状況に対し、利用者はどのような気持ちになるでしょうか。

この場面では、前日に約束したことを職員の都合で変更するわけですから、説明責任があるでしょう。約束したことができなくなってしまった理由を伝えなければなりません。約束した時間にはできないけれど、何時だったら自分ができるのかという点も伝え、時間を変更して対応するのか、まったく行わないのか、利用者の思いを確認しましょう。そして、その理由に対して利用者が納得したことを確認します。説得と納得はまったく違います。

POINT 60

訴えの繰り返し(4)

Ｉメッセージ

こんなときどうする？

職員の言うことをなかなか聞いてくれない利用者さんがいます。いくら注意しても受け入れてもらえず、無視されてしまいます。

肯定的な言葉でＩメッセージを使おう

（あなた） いつも気を使ってくださり、ありがとうございます。私は、○○さんが転んでしまうんじゃないかと、とても心配です。私が、責任を持って行いますから、お任せください。

ここがポイント！ ここに注意！

コミュニケーションにおいては、否定的メッセージは受け取りにくいという特性があります。「～しないでください」という禁止用語に対しては、どうしても反発心が起きやすくなるのが、人間の性のようです。

みなさん自身も子どもの頃に、そのような体験はありませんか？　あるいは、ダイエットしているときに、食べてはいけないと思えば思うほど食べたくなるという体験はありませんか？　それらを学びとして、利用者には肯定的なコミュニケーションでかかわりましょう。そして、Ｉメッセージ（参照→115ページ）を使いましょう。

POINT 61 訴えの繰り返し(5)

不穏

こんなときどうする？

帰宅の送迎バスを順番に待機している時間に、落ち着かず勝手に帰ろうとする利用者さんの対応に困っています。

興味を持ちそうな話題を提供してみよう

（あなた）　お待たせしています。迎えのバスが来るまで、もう少しお待ちください。

（利用者）　帰る！

（あなた）　帰る時間ですものね。帰る途中にあるお菓子屋さん、もう何代目でしょうね。

ここがポイント！ ここに注意！

利用者にとっては、帰ることが目的となっていますから、待てと言われても受け入れらない状況になっていることでしょう。利用者が落ち着かない理由はさまざまです。その時間、その場所の居心地の悪さから早く逃れたいために、「帰る」と落ち着かなくなってしまうこともあるでしょう。待たされることが嫌いな利用者もいるでしょう。どのような要因で落ち着かなくなるのか、丁寧に利用者を観察し、利用者にとっての不安な環境をできるだけつくらない工夫が必要です。

帰りたい気持ちを受け止め、利用者が興味を持ちそうな話題を提供してみることで成功することもあります。話題は、回想法（参照→116ページ）を兼ねた話をしてみるとよいかもしれません。

Column 介護の基礎知識

◉Iメッセージ（関連➡Point60）

コミュニケーションは非常に難しく、自分が伝えたいことを相手が正確に受け取ってくれるとは限りません。正確には受け取られないものだという前提を持ったほうがよさそうです。

たとえば、夜遅く帰ってきた娘に対して、「何時だと思っているの！」と私が言っている場面を考えてみましょう。この発語には主語がありません。この場合の主語は何でしょうか。「(あなたは) 何時だと思っているの！」ということで、「あなた」が主語になります。すると、このメッセージを受けとった「あなた」は、責められた感を抱いたり反論したい気持ちになります。これは「あなた」を主語にしているので、YOUメッセージを呼ばれます。

コミュニケーションにおいて、自分も相手も不快にならないようにするためには、相手を責めたり攻撃したりしない伝え方が必要です。その方法として、YOUメッセージをIメッセージ、つまり主語を「私」に変換して伝える必要があります。そこでは、「私」自身の気持ちに気づく必要があります。

この例では、「私」は娘が遅く帰ってくること（出来事）について、どのように感じているのでしょう。心配でしょうか。とすれば、「私は、遅い時間に帰ってくるあなたのことが心配なのよ」という言い方に変更することもできます。

Iメッセージを使うと、相手の受け取り方に変化を与えることもできるのです。

Column 介護の基礎知識

●回想法（関連 → Point61）

アメリカの精神科医、ロバート・バトラー氏が提唱した心理療法で、「過去の懐かしい思い出を語り合ったり、誰かに話したりする」ことで脳が刺激され、精神状態を安定させる効果があると言われています。老年期に人生を振り返り、自己の人生を再評価することで、自尊心を向上させる効果も期待されます。入所者にとって懐かしいと感じるようなテーマを設定し、必要に応じて問いかけをし、思い出話に耳を傾けるようにしていきます。

回想法を実践するときには、お手玉やおはじきなど実際に見たり手で触れたりできるようにすると、利用者の回想が促進されやすくなります。私（吉田）が学生とともに回想法を実践したときには、現物が手に入らなかったので、昔の写真集を用いました。「運動会」の風景や「洗濯機」の置いてある家の様子などを抜き取り、それらを利用者に見てもらったところ、利用者は当時のことを思い出すのに長時間を要することなく、次々に話し出されたことがあります。

利用者にとっては、何もない言葉だけから回想するより、回想の手がかりとなるような物があると効果的であることを、実践者として学びました。

第4章

利用者の状態に応じたコミュニケーション

障害特性を理解して利用者を支援しないと、利用者にとって危険が及ぶことも想定されます。安全を最優先した支援を行います。利用者の障害を支援しにくいものと決めつけてしまうことなく、個別ケアの入り口になるものととらえていきましょう。

POINT 62 先天性の視覚障害

利用者の見え方について確認をしましょう。視覚障害があることイコール日常生活すべてに介助が必要というわけではありません。利用者の状況やニーズに合わせた支援を行うようにします。

こんなときどうする? 生まれたときから視力がまったくなく、先天性の全盲と診断された利用者さんへ食事介助をします。

お食事は、
手の届くところに
セットしました。
醤油が
ほしいです。

等級	視覚障害
1級	両眼の視力の和が 0.01 以下のもの。
2級	1. 両眼の視力の和が 0.02 以上 0.04 以下のもの。 2. 両眼の視野がそれぞれ 10 度以内でかつ両眼による視野について視能率による損失率が 95%以上のもの。
3級	1. 両眼の視力の和が 0.05 以上 0.08 以下のもの。 2. 両眼の視野がそれぞれ 10 度以内でかつ両眼による視野について視能率による損失率が 90%以上のもの。
4級	1. 両眼の視力の和が 0.09 以上 0.12 以下のもの。 2. 両眼の視野がそれぞれ 10 度以内のもの。
5級	1. 両眼の視力の和が 0.13 以上 0.2 以下のもの。 2. 両眼による視野の 2 分の 1 以上が欠けているもの。
6級	一眼の視力が 0.02 以下、他眼の視力が 0.6 以下のもので両眼の視力の和が 0.2 を超えるもの。

※ 身体障害者障害程度等級表（身体障害者福祉法施行規則別表第 5 号より）

クロックポジションを利用して説明しよう

（あなた）　今日の主菜は、お魚です。2時の場所にあります。10時の場所には、ひじきの煮物があります。

（利用者）　ほかは、いつもと同じ場所ですね。

（あなた）　はい。お醤油は、7時の場所のご飯の左わきに置いてます。お好みでどうぞ。

ここがポイント！ ここに注意！

　先天性の全盲の人は、通常の何倍もの時間をかけてコミュニケーションを獲得してきました。コミュニケーションにさまざまな工夫をして、自立した生活をつくってこられています。その人の従来のコミュニケーションの方法を尊重することが大切です。

　食事介助の際には、クロックポジションを用いて説明することが一般的です。クロックポジションでは、時計の文字盤を例として、食べ物がどの位置にあるかを説明します。

　視覚障害の場合には、文字を読むことが困難であるため、触覚を使う点字を用いる場合もあります。近年は、テキスト音声データなども普及しているようです。また、指文字を使う人もいます。どのようなコミュニケーションの方法が利用者に負担がないか、アセスメント（参照→58ページ）が大切です。

POINT 63

後天的な視覚障害

中途視覚障害者という表現は、後天的な視覚障害の人と同じ意味です。糖尿病などの生活習慣病の合併症により、糖尿病網膜症を起こし、視覚障害になることもあります。

こんなときどうする?

58歳のときに交通事故に遭い失明した利用者さんは、自分のことは自分でできるように努力しています。施設の行事で小旅行に参加します。

えっ?
はい……。
段差がありますので、
注意してくださいね。

加齢によって視力が低下する人もいます。高齢者に多い眼疾患の主なものです。

白内障	目の水晶体が白く濁ってきます。
緑内障	視野狭窄が起こります。
加齢黄斑変性	物がゆがんだりぼやけたりします。

具体的な声かけを心がけよう

（あなた）　ここから5歩先に段差が1段あります。

（利用者）　はい。

プラスα　具体的な声かけの例

- 入口からまっすぐ歩いて3つ目のテーブルに、お席を準備しています。
- 前から荷物を運んだ人が歩いてきますので、ここでわきによけて待ちましょう。
- 3mほど先に、車いすが置いてありますので、左寄りにこのまま歩いてください。

ここがポイント！ ここに注意！

自分が失明するなどということを考えながら生活する人は少ないでしょう。疾病による失明の場合には、壮年期に起きることが多く、失明の恐怖心や不安、悲しみ、焦りと戦いながら、精神的な苦痛を耐えて生きてこられたといっても過言ではないでしょう。壮年期の場合には、退職勧奨や解雇通告に至る場合もあります。

慣れているはずの日常生活空間が失明によって一変しますので、自立に向けた生活訓練から開始しなければなりません。視覚障害者は慣れないところでは、手がかりを持たないため、行動できなくなることもあります。具体的にイメージできるような声かけが役立つ情報となります。また、社会参加ができるような支援も大切です。

POINT 64 聴覚障害(1)

難聴

聞こえ方が不自由な人を聴覚障害者としています。老人性難聴は、加齢によって聞こえにくくなっていくものです。高音域が聴き取りにくくなります。

こんなときどうする？

いつもロビーに座って、にこにことテレビを見ている利用者さんがいます。昼ご飯の時間になりますので、食事誘導の声かけをします。

等級	聴覚障害
2級	両耳の聴力レベルがそれぞれ 100 デシベル以上のもの(両耳全ろう)。
3級	両耳の聴力レベルが 90 デシベル以上のもの(耳介に接しなければ大声語を理解し得ないもの)。
4級	1. 両耳の聴力レベルが 80 デシベル以上のもの(耳介に接しなければ話声語を理解し得ないもの)。 2. 両耳による普通話声の最良の語音明瞭度が 50%以下のもの。
6級	1. 両耳の聴力レベルが 70 デシベル以上のもの(40cm 以上の距離で発声された会話語を理解し得ないもの)。 2. 一側耳の聴力レベルが 90 デシベル以上、他側耳の聴力レベルが 50 デシベル以上のもの。

※ 身体障害者障害程度等級表(身体障害者福祉法施行規則別表第 5 号より)

低めの声でゆっくり話そう

（あなた）　（ゆっくりと）〇〇さん。

（利用者）　はい。

（あなた）　ごはん、できたそうです。

（利用者）　そうか。

（あなた）　召し上がりませんか。

プラスα　聴覚を失った時期

聴覚障害者は、聴覚を失った時期によって次のように分けられます。

中途失聴者	音声言語を獲得したあとに聞こえなくなった人。
難聴者	聞こえにくいけれど、まだ聴力が残っている人。
ろう(あ)者	音声言語を習得する前に失聴した人。

ここがポイント！ ここに注意！

加齢による機能低下の特徴を踏まえ、低めの声で、ゆっくり、はっきりと話をします。耳が聞こえないからと、高い声を張り上げても聞き取れない場合が多いのです。また、大勢の人がいてにぎやかなところでは、話し手の声が雑音に消されて聞こえなくなってしまいます。そのようなときには、耳元でゆっくり、はっきりと話をするなど配慮が必要です。

難聴者は、補聴器を使用するとコミュニケーションが可能となる人もいれば、補聴器を使用しても聞こえにくい人もいます。中途失聴者は、まったく聞こえないけれど話すことができます。

手話・指文字を部分的に用いてコミュニケーションをしたり、筆記なども用いると聞き違いが軽減されたりします。

POINT 65 先天性の聴覚障害

聴覚障害のある者同士の婚姻により、遺伝性要因を引き継いだ場合や、母親が妊娠中に風疹に罹ってしまったなどの場合に、先天性の聴覚障害となることもあります。

こんなときどうする? 先天性の聴覚障害のため、身体障害者手帳を所持している利用者さんです。何か話をしたいようです。

伝音性難聴	伝音器（外耳・中耳）の部分に機能障害があるため、音が小さく聞こえます。
感音性難聴	感音器（内耳・聴神経）の部分に機能障害があるため、音が小さく、ゆがんで聞こえます。
混合性難聴	伝音器にも感音器にも機能障害がある場合です。

手話や筆談なども利用しよう

（あなた）　何ですか？（読話）

（利用者）　（指文字）かみ

（あなた）　（紙に書く）床屋？　ティッシュ？　トイレ？

（利用者）　ははは。（指差す）

プラスα　聴覚障害者のコミュニケーション方法

手話……手や体の動きなどに表情や強弱をつけたり、位置や方向などで、コミュニケーションに意味を持たせる。

読話……相手の口の動きや表情から内容を類推し理解する方法。間違いやすい言葉のときには書くことも並行して行うと伝わりやすくなる。

筆談……読み書きができる場合に最も基本的な方法。人数が多い場合、同時に行うことは難しくなる。

ここがポイント！ ここに注意！

先天性のろうあ者で、早期に訓練を受けた人の場合には手話を使える人が多いです。手話ができない人でも、話し手の唇や舌の動き、顔の表情などから話の内容を読みとる読話ができる人も多いです。話し手は、手振りなどジェスチャーを入れながら伝えると、聴覚障害者が理解しやすくなります。

先天的な聴覚障害者の場合、受け取れる情報が少ない環境に置かれていると、語彙が少ないために一般に常識だとされるルールが理解できずにいることも多く、社会についていけずに悩んでいる人も少なくないようです。近年は、字幕作成されたメディアやコンピューターの普及などにより、少しずつ環境が改善され始めています。

POINT 66 失語症

言語障害を2つに大別すると、構音障害と失語症に分けられます。失語症では、もともと正常に言語能力があった人が、頭部外傷などによって、言語中枢が損傷した場合などに、話したり聞いたりすることが困難になります。

こんなときどうする？

脳梗塞によって失語症のある利用者さんへ、レクリエーション活動参加の声かけをしました。

○○さん、
レクの時間ですよ。
あっ、あっ、
あっ。
では、
行きましょう。
んーっ、
んーっ！

運動性失語	言葉数が少なく、たどたどしい話し方になります。聞いて理解することが難しく、話すことはさらに難しくなります。
感覚性失語	なめらかにペラペラと話すことができますが、肝心な言葉は出ない、間違うなどの話し方になります。
健忘失語	日常会話の理解は可能ですが、物の名前や固有名詞が言えないことが多く、言いたい言葉が出ずに、回りくどい言い方になります。
全失語	理解も表現もとても困難になります。身振りや何かを指し示すことなどで伝えようとします。

「はい」「いいえ」で答えられるように質問を工夫しよう

（あなた）　〇〇さん、レクの時間です。参加しますか。

（利用者）　（首を振る）ん…。

（あなた）　今日のレクは、音楽療法です。

（利用者）　（首を振る）ん！

（あなた）　楽器を担当しましょうか。

プラスα　言語聴覚士

脳卒中などが原因で発生する言語や聴覚に障害のある人について、検査によってその程度を判定し、医師の診断のもと訓練のプランを作成し、言語訓練その他の訓練、指導その他の援助を行うことを業とする専門職です。

ここがポイント！ ここに注意！

失語症であっても人格を尊重した接し方をし、病気になる前と同じ言葉づかいを心がけます。お互いの表情がわかるような位置で話をし、短い簡単な言葉で表現します。失語症の人の話はゆっくりと聴き、途中で代わりに言ったり、話を遮ったりすることのないように、最後まで聴きます。

しかし、言葉が出ずに困っている場合には、助け舟を出します。絵や身振りを媒体としてコミュニケーションを図ったりします。事前に用意した答えから選択してもらうという方法もあります。

失語症の人は、言いたいことがあっても、なかなか言葉が出てきませんので、「はい」「いいえ」で答えられる質問をするなど、質問の仕方を工夫します。介護職員がイライラして聴いていると、失語症の人は焦ってしまい、うまく言えなくなってしまいます。

言語障害(2)

POINT 67

構音障害

脳卒中などによって構音器官に運動異常が認められると、口やのどがうまく動かなくなり、うまく発声することができなくなったりします。構音障害は発声することに障害がある状態です。

こんなときどうする?

先天性の構音障害を持っている利用者さんと、壁飾りをつくっています。その利用者さんから声をかけられました。

語音をほかの音と置き換えて発音されます。サ行の音がタ行やシャ行の音になり、ラ行の音がダ行の音やまったく発音しないという形の音になりやすく、訓練を受けながら改善していきます。

利用者の言い方を理解していこう

（利用者）　ハタミ！
（あなた）　はい。ハサミですね。
（利用者）　ノィ。
（あなた）　のりも必要なんですね。

プラスα　8020運動

高齢になると歯が抜けて、そこから空気がもれて発音がしにくくなることがあります。厚生労働省では、「80歳になっても20本以上自分の歯を保とう」という運動を行っています。

ここがポイント！ ここに注意！

一般的なコミュニケーション活動の基本は言語ですが、介護職員が支援関係で用いるコミュニケーションは、利用者を理解するための手段でしかないことを理解する必要があります。その手段を、言語とするか、表情や身振りとするかの違いであるため、介護職員は利用者に合わせた手段を用います。

言語障害がある利用者の支援では、利用者がどのような言い方をするのかを理解していくことで、利用者が意思疎通できないことから苛立ったり、孤独感を感じることがないようにします。構音障害のある利用者とのコミュニケーションの中で、わかったふりをしないことも大切です。もし、理解できなかったら、聞き取れなかった部分をもう一度短くゆっくり言ってもらい、確認していきます。また、「はい」か「いいえ」の質問にして言葉をかけ、利用者の言いたいことを絞り込んでいくという方法も効果的です。

POINT 68 血管性認知症

脳梗塞や脳出血、脳の血管障害などによって起こる認知症を、血管性認知症と言います。日常生活に支障をきたすような記憶障害と、ものごとを計画立てて行うことができなくなるような認知機能障害が主な症状です。

こんなときどうする？

血管性認知症と診断された利用者さんは、最近、自発性の低下や意欲の減退が目立つようになりました。

○○さん、
せっかくのレク活動なんだから、
みんなと楽しみましょう！
う〜ん……。

症状の特徴的な点は、症状が突然出現したり、階段状に悪化したり、変動したりすることがよく見られることです。症状としては、呂律が回りにくい、頻尿や尿失禁などの排尿障害、ちょっとしたことで泣いたり怒ったりして感情をコントロールできない感情失禁などがあげられます。

○ 無理のない範囲で参加してもらおう

（あなた）　○○さん、お天気がいいので、日光浴に出てみませんか。

（利用者）　う～ん……。

（あなた）　私と一緒に行っていただけませんか。

プラスα　脳血管性認知症の原因

脳梗塞……脳内の血液の流れが止まってしまい、血液が送られない部位の細胞が死んでしまうために、身体機能が失われてしまう。

脳出血……頭蓋骨内の血管が破れてしまい、脳内に出血してしまう。前触れがなく突然起こることが多い。高血圧の場合は要注意。

ここがポイント！ ここに注意！

血管性認知症の場合には、障害された部位によって症状の出現が違ってきます。自発性の低下や意欲の減退が目立つことも多く、静かに部屋に閉じこもりがちになることもあります。これらをそのままにしておくと生活不活発病によって、機能低下を引き起こします。また、新しい課題や複雑な状況に対して対応できなくなるために、不安が強くなり抑うつ的になりやすい点も考慮しなければなりません。

したがって、やったことのないようなレクリエーションへの参加強制は、利用者の不安を強くしますので、利用者にとって無理のない範囲を把握し、徐々に慣れていってもらうなどの配慮が必要です。

意図的に会話をする機会を設け、コミュニケーションの機能を維持できるよう支援することも大切です。

POINT 69 アルツハイマー型認知症

認知症の中で一番多いとされるアルツハイマー型認知症は、女性に多いです。脳内の海馬に病変が起こるために、記憶障害が起きる点が症状の特徴です。忘れていることを指摘しても思い出すことができず、体験自体を忘れてしまいます。

こんなときどうする?

アルツハイマー型認知症のある利用者さんが、ロビーのソファーに腰掛けて同じ話を繰り返しています。

また言ってる。それ、
さっきも言ったでしょ!
そんなこと
ないよ!

判断能力が低下し季節に合わない服装をしたり、トイレの場所がわからなくなる失認、失行など見当識障害が起きたりします。全体的な語彙量が減少し、「あれ」「それ」などの指示語が増加します。

初めて聞く話のように接していこう

（あなた）〇〇さん、お話の続きはどうなるんですか？

（利用者）あ～、そうすると～…

（あなた）〇〇さんのとても大切にされているお話なんですね。

プラスα 認知症の周辺症状

作話……記憶障害のひとつで、誤った記憶による言動が特徴的。本人は騙すつもりがまったくなく、自分の記憶が間違っていることにも気づいていない。

妄想……現実にはないことなのに本人が確信していて、そのことは訂正不能となっていることが特徴的。血統妄想や迫害妄想などがある。

ここがポイント！ ここに注意！

認知症によって記銘力が低下し、自分が何を話したか記憶することができないために、話をしたこと自体を忘れてしまいます。利用者にとっては、体験がないことになりますので、話したいことを話します。介護職員にとっては、記憶されている内容ですので、繰り返し聞かされる話となってしまうのです。

そのような状況において、「何度も聞いたわ」と介護職員が言えば、利用者は「この職員はなんて失礼なやつだ」と不快に感じるのも当然なことです。介護職員は、あたかも初めて聞くことのように接していくことが大切です。そんなときは、前回と同じように話せるか、新たに出てきた内容は何かなど、観察する聴き方をすると、同じ話を繰り返し聴くことがつらくなくなるかもしれません。

POINT 70 認知症(3)

前頭側頭型認知症

前頭側頭型認知症は、前頭葉や側頭葉前方の萎縮が目立ち、性格変化と社交性の消失が初期からみられるのが特徴的です。言語に関する症状では、いつも同じことを言い続けることや、自発的な発語の減少などがみられます。

こんなときどうする?

前頭側頭型認知症のある利用者さんは、脱抑制や常同行動がしばしばみられます。

○○さん、ご飯ですよ。
風呂、風呂、風呂。
違います。ご飯です。

常同的周遊	毎日決まったコースを散歩して回る行動や、車で決まったコースをドライブするなどです。
時刻表的生活	毎日決まった時刻に起床し、食事、散歩、テレビ視聴、就眠など、すべてスケジュール通り生活します。
滞続言語	何を尋ねても同じ内容の単語、語句、文章を繰り返し話します。
常同的食行動異常	同じ惣菜ばかり買う、同じものを調理するなど、決まった食品や料理に固執します。

利用者の行動をできるだけ制止しないようにしよう

（あなた）　〇〇さん、ご飯ですよ。

（利用者）　風呂、風呂、風呂。

（あなた）　12時です。お昼ご飯の時間になりました。

プラスα　若年性認知症

65歳未満で発症する認知症です。働き盛りの世代で発症し、職場への道順がわからず出勤できなかったり、会議など約束したことを覚えていないので仕事に支障をきたしてしまったりします。

ここがポイント！ ここに注意！

人格障害・情緒障害などが現れるピック病があります。粗暴な行動や一方的にしゃべるなどの自制力低下、万引きなどの窃盗や他人の家に勝手に入るなどの異常行動、いつも同じような動作をしたり同じものを食べ続けたりする常同的行為などがみられます。

ピック病では、本能や気分に応じた行動が目立つようになるため、コミュニケーションがうまく取れず、介護する側も困惑してしまいます。利用者の行動を可能な限り制止せず、利用者の行動をよく観察し、繰り返しの行動を逆に利用したケア方法を考えることも必要だとされています。たとえば、常同行動が強い場合には、それらが利用者にとっての1日のスケジュールととらえ、時刻表的な生活をつくっていくという方法もあります。馴染みの介護職員が対応し、本人の得意なことや関心のあることを取り入れながら、かかわっていくという方法も考えられます。

POINT 71 レビー小体型認知症

初期より幻覚、特に幻視が現れることが特徴であるレビー小体型認知症では、症状が進行して運動障害が出てきます。体が硬くなったり、動作が遅くなったり、歩行が小股になったりなど、パーキンソン病に似た症状が現れます。

こんなときどうする？

レビー小体型認知症のある利用者さんは、食堂へ向かう途中で幻視が現れることがあります。

あ、子どもがいるよ。
子どもが遊んでいるの。
そんな訳
ないでしょ！

実際には存在していないものがあるものとして見える幻視が特徴的で、壁のしみを「壁に虫が這っている」と話したり、タンスの上に置いたタオルを見て「子どもがいる」などと話したりします。介護職員には見えないものがありありと見えるのです。

Q 何が見えているのか、話してもらおう

（利用者） あ、子どもがいるよ。

（あなた） どれくらいの子どもですか？

（利用者） 5歳くらいね。お腹すいてないかしら。

（あなた） そうですね、お昼の時間ですものね。

プラスα 幻覚

幻視……実際には存在していないものが、あるものとして生々しく見える症状。

幻聴……誰もいないのに声が聞こえる症状。本人が幻聴と会話していると、周囲には独り言を言っているように見える。

ここがポイント！ ここに注意！

実際にないものが利用者にははっきりと見えるのです。それを介護職員が全否定してしまうと、利用者はそのようなことが起きても誰にも話をしなくなって、ひとりで苦痛に耐える状況になってしまいます。幻視は自分だけが見えているということを自覚している利用者もいますので、利用者が語り始めたときは、どのようなものか話をしてもらいます。その幻視は、利用者に危害を加えたりするのか、そのときの不快さはどれくらいのものなのかなど状況を聴き、支援が必要かどうか確認することによって、良好なコミュニケーションが図られていきます。

様子がおかしいときと正常に思えるときとが繰り返しみられたり、日によって症状が良かったり、悪かったりすることも特徴です。本人の状況に合わせて、誤認による混乱を軽減する支援をしていきます。

Column 介護の基礎知識

◉PDCAサイクル

PDCAサイクルとは、

P（計画）→D（実行）→C（評価）→A（改善）→（Pへ戻る）

を繰り返し、業務遂行することです。

介護計画書に基づいて支援を実行し、その結果どうであったかを評価する。そのことから改善したほうがよいと判断した部分は、修正して計画を再度つくり、修正したことを実行していくというように展開することです。

P（計画）では、5W1Hによって具体的にすることが重要です。

D（実行）では、あとに評価することを意識して取り組みます。

C（評価）では、結果の良し悪しについて判断しますが、主観的な評価になってしまうことも避けられません。効果測定などで、数値化して測定できる客観的評価がありますが、利用者に確認するサービス満足度などは主観的評価になります。

それらの情報から、A（改善）について判断します。大きく見直すか、一部見直すかなど、程度をしっかりと決めることも重要です。

第5章

チームケアにおけるコミュニケーション

多職種連携という言葉があるように、利用者の生活は24時間、365日継続しているので、切れ目のない支援によって、利用者の生活の質を高めていきます。介護職員のみで利用者の生活を支えるのは難しいため、それぞれの専門職と情報共有していくことが大切です。

POINT 72

伝達

伝達は、一方的な情報の流れといえます。連絡すべき内容を、相手に正確に知らせることが求められるものです。特に介護現場では、交代制によって利用者の生活を支えているので、利用者の状況を次の担当者へ引き継ぐことが重要です。

① 次の担当者が利用者の状況を把握し、すべきことの優先性の判断や、提供するサービス内容を確認することができるよう伝達する。

② 介護職員の交代が行われても、利用者や家族の希望する生活が継続できるように伝達する。

③ 介護職員が交代しても、利用者に必要なケア提供が継続できるように伝達する。

たとえば…

1

利用者の家族が面会に来ました。家族が帰る際に、日勤の介護職員に「さっき、どら焼きをひとつ食べました。もうひとつ、明日食べさせていただきたいので、床頭台の引き出しに入れてきました。お願いします」と話をされました。

2

日勤の介護職員は、夜勤で交代する介護職員へ、家族からの話を伝達します。

3

翌日、夜勤の介護職員から日勤の介護職員へ、前日の家族からの話を伝達します。

4

日勤の介護職員は利用者の体調などを確認し、家族からの意向を遂行します。

POINT 73

報告

報告は、双方向の情報の流れといえます。情報を受ける相手が、情報の内容を知り、理解することができることまで含んでいます。

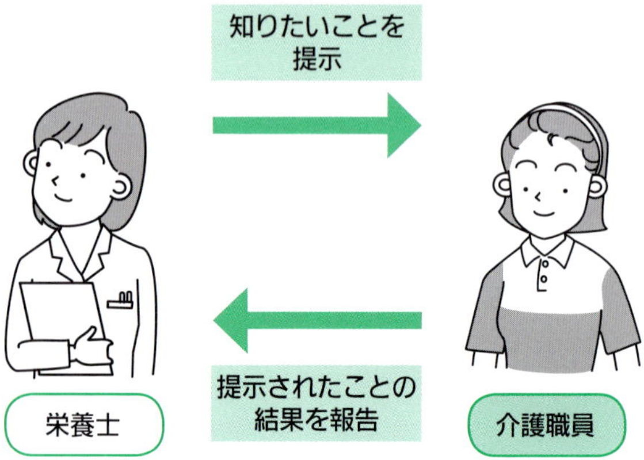
知りたいことを
提示
提示されたことの
結果を報告
栄養士
介護職員

① 報告する人、報告を受ける人の２人以上存在する必要がある。

② 報告する内容を言語化することが必要。

③ 報告の言語化は、口頭や文字として知らせることが必要。

たとえば…

1

栄養士から担当利用者の食事状況について、咀嚼の課題を知りたいと言われました。

2

介護職員である私は、指定された利用者の栄養士が必要としている情報に関して、食事場面を観察し、咀嚼面での機能低下の有無について情報収集します。

3

状況がつかめたら、指定された利用者に関する情報を栄養士に知らせます。このような一連の作業から、双方向の情報の流れが起こります。

POINT 74

相談

相談は、何らかの課題を解決するために行うものです。わからないことを教えてほしいときや、判断したいのだけれど迷っているときなど、他者へ話をしてその人の考えを教えてもらったりします。この点から、相談とは一方的に話をするのではなく、お互いの考えを言語化し、それを踏まえて、話を重ねていく双方向的なものなのです。

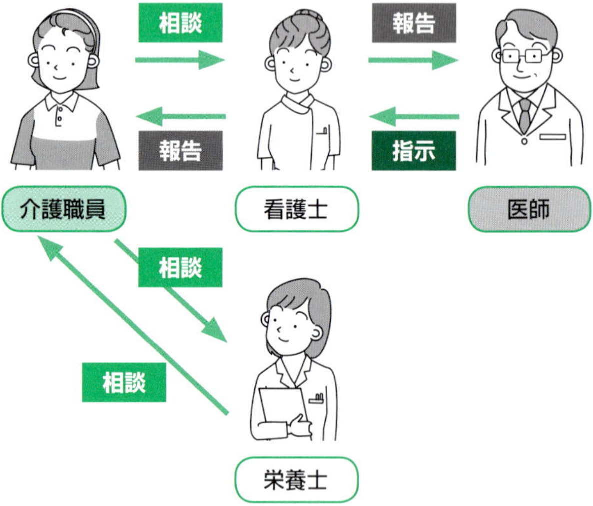

相談は、判断に迷ったときなどに行うものですから、ミスやトラブルを未然に防ぐためにも、早めに相談することが大切です。相談する際には、何をどのように迷っているかを、簡潔にポイントを押えて、的確に伝えることを習慣化しましょう。

介護職員は、他職種と相談しながら連携を図り、利用者支援を行っていきます。

たとえば…

1

入浴のため、利用者に声かけしたところ、元気がないように感じました。
そこで検温したところ37.8度でした。利用者は少しのどが痛いと言っています。

2

本日の入浴を中止するかどうか判断しなければなりません。また、今後の介護をどのようにするか決定しなければなりません。

3

施設の看護師へ相談し、専門的な判断を聞きながら、利用者のQOLを維持しなければなりません。

4

のどの痛みがあることから、本日の入浴は中止し、しばらく粥を提供してもらうことになりました。

POINT 75

会議

複数の人が集まり、集まった人に共通する内容をテーマとして話し合い、結論を出すことを目的としています。複数の人により、さまざまな考えを出し合い、最も良いとされる結論を導き出します。

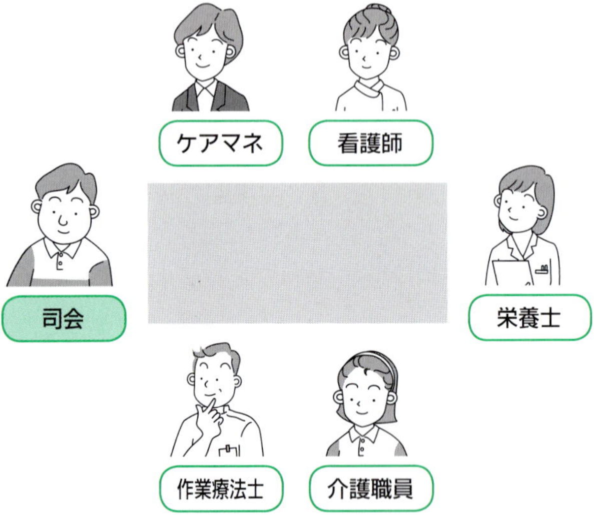

ケアマネ
看護師
司会
栄養士
作業療法士
介護職員

1 人の人の意見だけで決める、いつも決まった人しか発言しない、というような会議にならないよう、進行役は参加者全員に配慮しなければなりません。また、会議で発言される内容は、個人的なものというよりも、チームや組織を代表する発言となることも意識しなければなりません。

会議で決まったことは、合意によるとみなされ、チームでは決定された結論を守る責任があります。そして、「決まったことを実行せずは、会議にあらず」となります。

たとえば…

1

利用者は糖尿病があります。今回の検査で、検査結果が良くないために、主治医から食事の見直しを指示されました。

2

本人には、主食を計測して提供しているのですが、普段の間食が多いようです。間食には、あんぱんと缶コーヒという組み合わせが多く、果物も大好物です。

3

処方された投薬は、施設で管理し確実に服薬できています。

4

この利用者の支援について会議し、本人に病識を持ってもらうことを目指し、栄養士は食事指導、看護師は1か月間毎日9時に体重測定、介護職員は間食を購入したくなる時間にレクリエーション活動、ケアマネジャーは現況を家族に伝えること、作業療法士は運動指導を、行うことになりました。

POINT
76 サービス担当者会議

介護サービス計画書を作成するとき、計画に変更がある場合には、サービス担当者会議を開催しなければなりません。

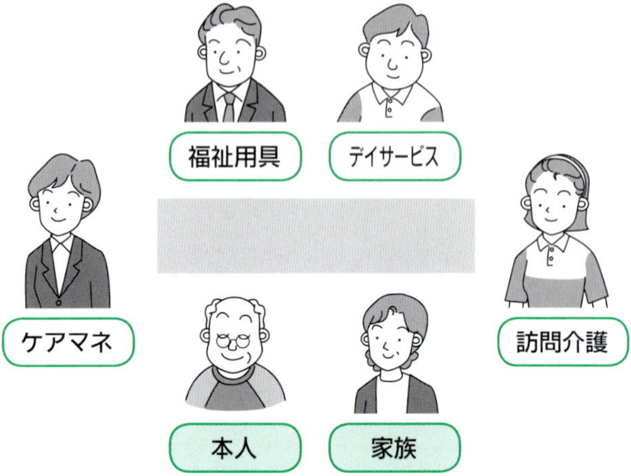

参加者は、本人・家族、介護サービス計画に記載されている事業所の職員、主治医などとなります。介護サービス事業所や主治医が出席できない場合は、事前にケアマネジャーが意見を聴取しておき、会議で伝えます。
関連サービス事業者が、本人やその家族とともに、

① 利用者および家族のニーズの共有化
② 目標・プランの共有化
③ 役割分担の明確化
④ チーム形成・連携
⑤ モニタリングのポイント
⑥ 緊急対応を含めたリスク管理

を確認するための集まりです。限られた時間で、結論が出せるよう論点を明確にして、会議に臨むことが必要です。

たとえば…

1

利用者Aさんは、以前より認知症がありましたが、介護者である奥様の支援を受けながら在宅生活を継続しています。しかし、最近、介護者の膝痛が強くなり、Aさんの世話が大変になってきています。

2

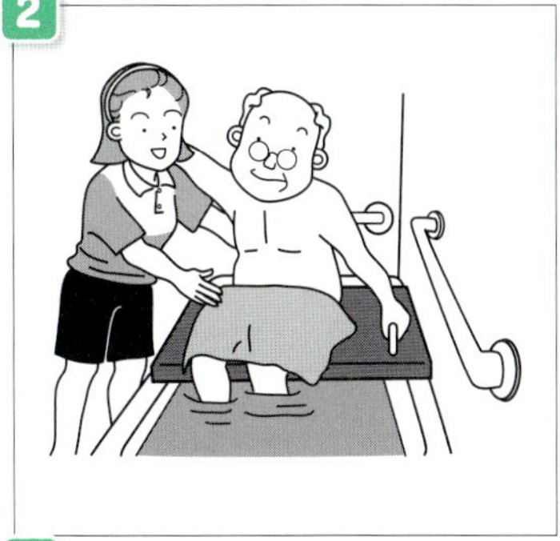

また、Aさんはひとりでは入浴できないため、介助が必要であり、介護サービスを利用することになりました。

3

ケアマネジャーによるケアプランでは、デイサービスを週2回利用し、Aさんの社会参加を促すこと、訪問介護サービスを利用し、自宅での入浴を週2回行うこと、そのために入浴用の福祉用具を整えることがあげられています。本人と家族の意向が踏まえられているか、サービス提供の過不足はないかなどを話し合いました。

Column 介護の基礎知識

◉記録の意義

介護職員は交代勤務によって、利用者の生活を支えています。そこで重要なものが記録になります。記録はどのように書けばよいかと、悩むことも少なくありません。

記録には３つの目的があります。

１つめは、利用者のためです。記録を見ることで継続した支援ができるようになること、聞き間違いや連絡漏れを防ぐことができることなどがあげられます。

２つめは、自分のためです。トラブルが生じたり訴訟の際などに、自分はどのような支援をしたのか、どのような状態だったかを証明するものになったり、自分の支援を振り返り学びの手段としても活用できます。

３つめは、介護職員の社会的評価を高めるためです。多職種連携において介護の専門性を理解してもらうことになったり、経験の浅い職員の学びの教材になったりすることもあります。

根拠ある介護実践には記録を欠くことなく、その目的と意義を確認しなければなりません。介護記録がないということは、介護実践が提供されなかったとみなされることにもなります。利用者本人や家族からの記録開示請求に対応できるよう、常に記録を整備しておくことが大切です。

付　録

コミュニケーションに役立てよう!

現代の若者が夢中になるようなゲームやDVDなど、高齢者が若かった当時には存在していません。何もない時代は、歌によって元気を回復させたり、心を癒したりしたそうです。高齢者の多くは歌が上手く、歌を唄いみんなと楽しむという空間を大切にしているようにも見受けられます。現在では、回想法の一部として歌を用いたり、歌を唄うことによるリハビリ効果が認められたりしています。一方で、選曲によっては「幼稚園みたいな、チーチーパッパはこりごりだ」と、利用者から言われてしまうこともあります。個人を尊重した選曲を心がけましょう。

よく歌われる唱歌

唱歌(文部省唱歌)とは国がつくった歌と言われています。1910年(明治43年)から1944年(昭和19年)までの教科書に掲載され、小学校などで教えられました。

富士山(ふじの山)

作詞：巌谷小波(文部省唱歌)
作曲：文部省唱歌
1910年(明治43年)

1　あたまを雲の上に出し、
四方《しほう》の山を見おろして、
かみなりさまを下に聞く、
富士は日本一の山。

2　青空高くそびえ立ち、
からだに雪の着物《きもの》着て、
霞《かすみ》のすそを遠く曳《ひ》く、
富士は日本一の山。

〈文部省編『新訂尋常小学唱歌 第二学年用』1932年(昭和 7 年)、大日本圖書株式会社〉

雪

作詞：文部省唱歌
作曲：文部省唱歌
1911年(明治44年)

1　雪やこんこ、霰《あられ》やこんこ。
降っては降っては、ずんずん積る。
山も野原も綿帽子かぶり、
枯木残らず花が咲く。

2　雪やこんこ、霰《あられ》やこんこ。
降っても降っても、まだ降りやまぬ。
犬は喜び庭駆《か》けまわり、
猫は火燵《こたつ》でまるくなる。

〈文部省編『新訂尋常小学唱歌 第二学年用』1932年(昭和 7 年)、大日本圖書株式会社〉

紅葉（もみじ）

作詞：高野辰之
作曲：岡野貞一
1911年（明治44年）

1　秋の夕日に照る山紅葉、
濃いも薄いも数ある中に、
松をいろどる楓や蔦は、
山のふもとの裾模様。

2　渓《たに》の流《ながれ》に散り浮く紅葉、
波にゆられて離れて寄って、
赤や黄色の色さまざまに、
水の上にも織る錦。

〈文部省編『新訂尋常小学唱歌 第二学年用』1932年（昭和 7 年）、大日本圖書株式会社〉

茶摘

作詞：文部省唱歌
作曲：文部省唱歌
1912年（明治45年）

1　夏も近づく八十八夜、
野にも山にも若葉が茂る。
「あれに見えるは茶摘じゃないか。
あかねだすきに菅の笠。」

2　日和《ひより》つづきの今日此《こ》の頃《ごろ》を、
心のどかに摘みつつ歌う。
「摘めよ、摘め摘め、摘まねばならぬ、
摘まにゃ日本の茶にならぬ。」

〈文部省編『新訂尋常小学唱歌 第三学年用』1932年（昭和 7 年）、大日本圖書株式会社〉

【注意】 本書では、『新訂尋常小学唱歌』（昭和 7 年）または『初等科音楽』（昭和 17 年）に掲載された歌詞を、漢字の旧字体を新字体に、旧かなづかいを現代かなづかいに改めて掲載しています。また、別表記の曲名が確認されているものについては、曲名の後ろにカッコで示しました。

村祭（村まつり）

作詞：文部省唱歌
作曲：文部省唱歌
1912年（明治45年）

1　村のちんじゅの神様の、
今日は、めでたいお祭日。
　どんどんひゃらら、
　どんひゃらら、
　どんどんひゃらら、
　どんひゃらら、
朝から聞える笛たいこ。

2　としも豊年満作で、
村はそう出の大祭。
　どんどんひゃらら、
　どんひゃらら、
　どんどんひゃらら、
　どんひゃらら、
夜までにぎわう宮の森。

3　治《おさま》る御代に※、神様の
恵みたたえる村祭。
　どんどんひゃらら、
　どんひゃらら、
　どんどんひゃらら、
　どんひゃらら、
聞いても心が勇みたつ。

〈文部省編『初等科音楽 一』1942年（昭和17年）、文部省〉

※ 1947年（昭和22年）発行の『三年生の音楽』（文部省）で「みのりの秋に」に変更された。

春の小川

作詞：高野辰之
作曲：岡野貞一
1912年（大正元年）

1　春の小川は、さらさら行くよ。
岸のすみれや、れんげの花に、
すがたやさしく、色うつくしく
咲いているねと※、ささやきながら。

2　春の小川は、さらさら行くよ。
えびやめだかや、小ぶなのむれに、
今日も一日、ひなたでおよぎ、
遊べ遊べと、ささやきながら。

〈文部省編『初等科音楽 一』1942年（昭和17年）、文部省〉

※ 1947年（昭和22年）発行の『三年生の音楽』（文部省）で「さけよさけよと」に変更された。

海

作詞：文部省唱歌
作曲：文部省唱歌
1913年（大正2年）

1　松原遠く消ゆるところ、
白帆の影は浮かぶ。
干網《ほしあみ》浜に高くして、
かもめは低く波に飛ぶ。
見よ　昼の海。
見よ　昼の海。

2　島山やみにしるきあたり
いさり火、光あわし。
寄る波岸にゆるくして、
浦風《うらかぜ》軽《かろ》くいさご吹く、
見よ　夜の海。
見よ　夜の海。

〈文部省編『初等科音楽 三』1942年（昭和17年）、文部省〉

冬景色《ふゆげしき》

作詞：文部省唱歌
作曲：文部省唱歌
1913年（大正2年）

1　さぎり消ゆる港《みなと》江《え》の
舟に白し、朝のしも。
ただ水鳥の声はして、
いまださめず、岸の家。

2　からす鳴きて木に高く、
人は畑《はた》に麦をふむ。
げに小春日ののどけしや。
かえり咲きの花も見ゆ。

3　あらし吹きて雲は落ち、
時雨《しぐれ》降りて日は暮れぬ。
もしともし火のもれ来《こ》ずば、
それとわかじ、野べの里。

〈文部省編『初等科音楽 三』1942年（昭和17年）、文部省〉

故郷（ふるさと）

作詞：高野辰之
作曲：岡野貞一
1914年（大正3年）

1　兎追いしかの山、
小鮒釣りしかの川、
夢は今もめぐりて、
忘れがたき故郷《ふるさと》。

2　如何《いか》にいます、父母、
恙《つつが》なしや、友がき、
雨に風につけても、
思いいづる故郷《ふるさと》。

3　こころざしをはたして、
いつの日にか帰らん、
山はあおき故郷《ふるさと》、
水は清き故郷《ふるさと》。

〈文部省編『新訂尋常小学唱歌 第六学年用』1932年（昭和７年）、大日本圖書株式会社〉

おぼろ月夜（朧月夜）

作詞：高野辰之
作曲：岡野貞一
1914年（大正３年）

1　菜の花畠に
入日薄れ、
見わたす山の端《は》
かすみ深し。
春風そよ吹く
空を見れば、
夕月かかりて
においあわし。

2　里わの火《ほ》影《かげ》も、
森の色も、
田中の小路を
たどる人も、
蛙《かわず》のなくねも
鐘の音も、
さながらかすめる
おぼろ月夜。

〈文部省編『初等科音楽 四』1942年（昭和17年）、文部省〉

牧《まき》場《ば》の朝

作詞：文部省唱歌（杉村楚人冠）
作曲：船橋栄吉
1932年（昭和7年）

1　ただ一面に立ちこめた
牧場の朝のきりの海。
ポプラ並木のうっすりと
黒い底から、勇ましく
鐘が鳴る鳴る、かんかんと。

2　もう起き出した小屋《こや》小屋《こや》の
あたりに高い人の声。
きりに包まれ、あちこちに、
動くひつじのいく群れの
鈴が鳴る鳴る　りんりんと。

3　今さしのぼる日の影に
ゆめからさめた森や山。
あかい光に染められた
遠い野《の》末《ずえ》に、牧童《ぼくどう》の
笛が鳴る鳴る　ぴいぴいと。

〈文部省編『初等科音楽 三』1942年（昭和17年）、文部省〉

その他の唱歌・童謡

故郷の空（夕空晴れて）

作詞：大和田建樹　作曲：スコットランド民謡　1888年（明治21年）

夏は来ぬ

作詞：佐佐木信綱　作曲：小山作之助　1896年（明治29年）

花

作詞：武島羽衣　作曲：瀧廉太郎　1900年（明治33年）

旅愁
作詞：犬童球渓　作曲：オードウェイ　1907年（明治40年）

春が来た
作詞：高野辰之　作曲：岡野貞一　1910年（明治43年）

われは海の子
作詞：宮原晃一郎　作曲：文部省唱歌　1910年（明治43年）

虫のこえ
作詞：文部省唱歌　作曲：文部省唱歌　1910年（明治43年）

村の鍛冶屋
作詞：文部省唱歌　作曲：文部省唱歌　1912年（大正元年）

早春賦
作詞：吉丸一昌　作曲：中田章　1913年（大正２年）

浜辺の歌
作詞：林古渓　作曲：成田為三　1913年（大正２年）

鯉のぼり
作詞：河井酔茗（文部省唱歌）　作曲：弘田龍太郎　1913年（大正２年）

シャボン玉
作詞：野口雨情　作曲：中山晋平　1922年（大正11年）

七つの子
作詞：野口雨情　作曲：本居長世
1921年（大正10年）作詞・1922年（大正11年）作曲

背くらべ
作詞：海野厚　作曲：中山晋平　1923年（大正12年）

どこかで春が
作詞：百田宗治　作曲：草川信　1923年（大正12年）

昭和の流行歌・歌謡曲

昭和元年～10年（1926年～1935年）

曲名	歌手
赤城の子守唄	東海林太郎
丘を越えて	藤山一郎
影を慕いて	藤山一郎
蒲田行進曲	川崎豊／曽我直子
祇園小唄	藤本二三吉
君恋し	二村定一
国境の町	東海林太郎
酒は涙か溜息か	藤山一郎
島の娘	小唄勝太郎
上海リル	歌川幸子、ディック・ミネ　ほか
十九の春	ミス・コロムビア（松原操）
ダイナ	ディック・ミネ
ちゃっきり節	市丸
東京音頭	小唄勝太郎／三島一声
東京行進曲	佐藤千夜子
野崎小唄	東海林太郎
波浮の港	藤原義江
二人は若い	星玲子／ディック・ミネ
明治一代女	新橋喜代三

昭和11年～20年（1936年～1945年）

曲名	歌手
青い背広で	藤山一郎
雨のブルース	淡谷のり子
一杯のコーヒーから	霧島昇／ミス・コロムビア
裏町人生	上原敏／結城道子
大利根月夜	田端義夫
おしどり道中	上原敏
お山の杉の子	安西愛子／加賀美一郎／寿永恵美子
燦めく星座	灰田勝彦
月月火水木金金	内田栄一
国境の春	岡晴夫
支那の夜	渡辺はま子
上海の花売娘	岡晴夫
人生劇場	楠木繁夫

曲名	歌手
人生の並木道	ディック・ミネ
蘇州の夜	李香蘭
蘇州夜曲	霧島昇／渡辺はま子
旅姿三人男	ディック・ミネ
旅の夜風	霧島昇／ミス・コロムビア
誰か故郷を想わざる	霧島昇
妻恋道中	上原敏
東京の花売娘	岡晴夫
東京ラプソディー	藤山一郎
名月赤城山	東海林太郎
めんこい仔馬	二葉あき子／高橋祐子
山寺の和尚さん	ナカノ・リズム・ボーイズ
別れのブルース	淡谷のり子
別れ船	田端義夫

昭和21年～30年（1946年～1955年）

曲名	歌手
青い山脈	藤山一郎／奈良光枝
赤いランプの終列車	春日八郎
赤と黒のブルース	鶴田浩二
憧れのハワイ航路	岡晴夫
夜来香	山口淑子
異国の丘	竹山逸郎／中村耕造
田舎のバスで	中村メイコ
イヨマンテの夜	伊藤久男
ウスクダラ	江利チエミ
越後獅子の唄	美空ひばり
お富さん	春日八郎
お祭りマンボ	美空ひばり
想い出のワルツ	雪村いづみ
おんな船頭唄	三橋美智也
ガード下の靴みがき	宮城まり子
買物ブギ	笠置シズ子
かえりの港	藤島桓夫
かえり船	田端義夫
カスバの女	エト邦枝
悲しき口笛	美空ひばり
岸壁の母	菊地章子
君の名は	織井茂子

曲名	歌手
銀座カンカン娘	高峰秀子
ゲイシャ・ワルツ	神楽坂はん子
高原列車は行く	岡本敦郎
ジャングル・ブギー	笠置シズ子
上海帰りのリル	津村謙
月がとっても青いから	菅原都々子
テネシー・ワルツ	江利チエミ
東京キッド	美空ひばり
東京の花売娘	岡晴夫
東京ブギウギ	笠置シズ子
トンコ節	久保幸江／楠木繁夫
長崎の鐘	藤山一郎
長崎のザボン売り	小畑実
哺くな小鳩よ	岡晴夫
南国土佐を後にして	鈴木三重子
ハンドル人生	若原一郎
ビギン・ザ・ビギン	越路吹雪
ベサメ・ムーチョ	黒木曜子
星影の小径	小畑実
街のサンドイッチマン	鶴田浩二
水色のワルツ	二葉あき子
港が見える丘	平野愛子
山のけむり	伊藤久男
雪の降るまちを	高英男
湯の町エレジー	近江俊郎
夜霧のブルース	ディック・ミネ
リラの花咲く頃	岡本敦郎
リンゴ追分	美空ひばり
リンゴの歌	並木路子
別れのタンゴ	高峰三枝子

昭和 31 年～ 40 年（1956 年～ 1965 年）

曲名	歌手
あゝ上野駅	井沢八郎
愛して愛して愛しちゃったのよ	田代美代子
哀愁波止場	美空ひばり
哀愁列車	三橋美智也
愛ちゃんはお嫁に	鈴木三重子
愛と死を見つめて	青山和子

曲名	歌手
アカシヤの雨が止む時	西田佐知子
明日があるさ	坂本九
網走番外地	高倉健
嵐を呼ぶ男	石原裕次郎
アンコ椿は恋の花	都はるみ
潮来笠	橋幸夫
いつでも夢を	橋幸夫／吉永小百合
一本刀土俵入	三橋美智也
上を向いて歩こう	坂本九
美しい十代	三田明
王将	村田英雄
おーい中村君	若原一郎
お座敷ロック	五月みどり
お月さん今晩は	藤島桓夫
おひまなら来てね	五月みどり
俺は淋しいんだ	フランク永井
俺は待ってるぜ	石原裕次郎
帰ろかな	北島三郎
柿の木の坂の家	青木光一
学生時代	ペギー葉山
悲しき願い	尾藤イサオ
からたち日記	島倉千代子
可愛いベビー	中尾ミエ
監獄ロック	小坂一也
黄色いさくらんぼ	スリー・キャッツ
ギターを持った渡り鳥	小林旭
君恋し	フランク永井
君といつまでも	加山雄三
兄弟仁義	北島三郎
銀座の恋の物語	石原裕次郎／牧村旬子
狂った果実	石原裕次郎
黒い花びら	水原弘
ケ・セラ・セラ	ペギー葉山
恋しているんだもん	島倉千代子
高校三年生	舟木一夫
コーヒー・ルンバ	西田佐知子
古城	三橋美智也
こんにちは赤ちゃん	梓みちよ
寒い朝	吉永小百合とマヒナスターズ
さよならはダンスの後に	倍賞千恵子

曲名	歌手
幸せなら手をたたこう	坂本九
下町育ち	笹みどり
下町の太陽	倍賞千恵子
知りたくないの	菅原洋一
人生劇場	村田英雄
スーダラ節	植木等
青春サイクリング	小坂一也
ダイアナ	平尾昌章
ダイナマイトが百五十屯	小林旭
達者でナ	三橋美智也
他人船	三船和子
誰よりも君を愛す	松尾和子とマヒナスターズ
チャンチキおけさ	三波春夫
月影のナポリ	森山加代子
月の法善寺横丁	藤島恒夫
東京五輪音頭	三波春夫
東京だよおっ母さん	島倉千代子
東京ドドンパ娘	渡辺マリ
東京ナイトクラブ	フランク永井／松尾和子
東京のバスガール	コロムビア・ローズ
東京の人よさようなら	島倉千代子
どうせひろった恋だもの	コロムビア・ローズ
遠くへ行きたい	ジェリー藤尾
涙くんさようなら	マヒナスターズ
涙の連絡船	都はるみ
なみだ船	北島三郎
涙を抱いた渡り鳥	水前寺清子
南国土佐を後にして	ペギー葉山
函館の女	北島三郎
波止場だよ、お父つぁん	美空ひばり
バナナ・ボート	浜村美智子
琵琶湖周航の歌	ペギー葉山
二人の世界	石原裕次郎
僕は泣いちっち	守屋浩
星屑の町	三橋美智也
星はなんでも知っている	平尾昌章
北帰行	小林旭
ホンダラ行進曲	谷啓／ハナ肇／植木等
見上げてごらん夜の星を	坂本九
港町十三番地	美空ひばり

曲名	歌手
皆の衆	村田英雄
霧笛が俺を呼んでいる	赤木圭一郎
無法松の一生	村田英雄
メケ・メケ	丸山明宏（美輪明宏）
山男の歌	ダーク・ダックス
柔	美空ひばり
夕焼けとんび	三橋美智也
有楽町で逢いましょう	フランク永井
夜霧に消えたチャコ	フランク永井
喜びも悲しみも幾歳月	若山彰
ラストダンスは私に	越路吹雪
ラブ・ミー・テンダー	雪村いづみ
ルイジアナ・ママ	飯田久彦
若いお巡さん	曾根史郎

昭和41年～50年（1966年～1975年）

曲名	歌手
愛の奇跡	ヒデとロザンナ
赤い風船	浅田美代子
あなた	小坂明子
あの鐘を鳴らすのはあなた	和田アキ子
あの素晴らしい愛をもう一度	加藤和彦と北山修
亜麻色の髪の乙女	ヴィレッジ・シンガーズ
雨	三善英史
雨の御堂筋	欧陽菲菲
いいじゃないの幸せならば	佐良直美
いい湯だな	デューク・エイセス
池袋の夜	青江美奈
石狩挽歌	北原ミレイ
襟裳岬	森進一
想い出の渚	ザ・ワイルド・ワンズ
想い出まくら	小坂恭子
およげ！たいやきくん	子門真人
お嫁においで	加山雄三
女のみち	ぴんからトリオ
帰って来たヨッパライ	ザ・フォーク・クルセダーズ
学生街の喫茶店	ガロ
喝采	ちあきなおみ
悲しい酒	美空ひばり

曲名	歌手
神田川	かぐや姫
岸壁の母	二葉百合子
黄色いサクランボ	ゴールデンハーフ
危険なふたり	沢田研二
北の宿から	都はるみ
君だけに愛を	ザ・タイガース
今日でお別れ	菅原洋一
京都から博多まで	藤圭子
京都の恋	渚ゆう子
今日の日はさようなら	森山良子
霧の摩周湖	布施明
くちなしの花	渡哲也
黒ネコのタンゴ	皆川おさむ
黒の舟唄	長谷川きよし
経験	辺見マリ
圭子の夢は夜ひらく	藤圭子
恋の季節	ピンキーとキラーズ
恋のしずく	伊東ゆかり
恋の奴隷	奥村チヨ
恋の町札幌	石原裕次郎
心のこり	細川たかし
この広い野原いっぱい	森山良子
こまっちゃうナ	山本リンダ
小指の想い出	伊東ゆかり
さそり座の女	美川憲一
さらば恋人	堺正章
さらばハイセイコー	増沢末夫
三百六十五歩のマーチ	水前寺清子
シー・シー・シー	ザ・タイガース
シクラメンのかほり	布施明
終着駅	奥村チヨ
昭和枯れすすき	さくらと一郎
知床旅情	加藤登紀子
白いブランコ	ビリー・バンバン
好きさ好きさ好きさ	ザ・カーナビーツ
世界は二人のために	佐良直美
瀬戸の花嫁	小柳ルミ子
せんせい	森昌子
戦争を知らない子供たち	ジローズ
そして、神戸	内山田洋とクールファイブ

曲名	歌手
空よ	トワ・エ・モア
竹田の子守唄	赤い鳥
他人の関係	金井克子
旅の宿	吉田拓郎
旅人よ	加山雄三
千曲川	五木ひろし
翼をください	赤い鳥
積木の部屋	布施明
手紙	由紀さおり
てんとう虫のサンバ	チェリッシュ
どうにもとまらない	山本リンダ
時には母のない子のように	カルメン・マキ
時の過ぎゆくままに	沢田研二
ドリフのズンドコ節	ザ・ドリフターズ
長崎は今日も雨だった	内山田洋とクール・ファイヴ
なごり雪	イルカ
なみだの操	殿さまキングス
虹色の湖	中村晃子
虹と雪のバラード	トワ・エ・モア
人形の家	弘田三枝子
走れコウタロー	ソルティ・シュガー
バス・ストップ	平浩二
花の首飾り	ザ・タイガース
二人でお酒を	梓みちよ
ブルー・シャトウ	ジャッキー吉川とブルー・コメッツ
ブルー・ライト・ヨコハマ	いしだあゆみ
ふれあい	中村雅俊
星影のワルツ	千昌夫
星のフラメンコ	西郷輝彦
また逢う日まで	尾崎紀世彦
真赤な太陽	美空ひばりとブルー・コメッツ
岬めぐり	山本コウタローとウィークエンド
港町ブルース	森進一
昔の名前で出ています	小林旭
木綿のハンカチーフ	太田裕美
柳ケ瀬ブルース	美川憲一
夕陽が泣いている	ザ・スパイダース
ゆうべの秘密	小川知子
夜明けのスキャット	由紀さおり

曲名	歌手
夜明けの停車場	石橋正次
よこはま・たそがれ	五木ひろし
夜と朝のあいだに	ピーター
ラブユー東京	黒沢明とロス・プリモス
ロマンス	岩崎宏美
若者たち	ブロードサイド・フォー
別れの朝	ペドロ&カプリシャス
わたし祈ってます	敏いとうとハッピー&ブルー
わたしの城下町	小柳ルミ子
笑って許して	和田アキ子
我が良き友よ	かまやつひろし

昭和 51 年～ 64 年・平成元年（1976 年～ 1989 年）

曲名	歌手
愛人	テレサ・テン
愛の水中花	松坂慶子
愛のメモリー	松崎しげる
青い珊瑚礁	松田聖子
青葉城恋唄	さとう宗幸
赤いスイートピー	松田聖子
あずさ 2 号	狩人
熱き心に	小林旭
天城越え	石川さゆり
雨の慕情	八代亜紀
いい日旅立ち	山口百恵
愛しき日々	堀内孝雄
いとしのエリー	サザン・オールスターズ
命くれない	瀬川瑛子
異邦人	久保田早紀
イミテーション・ゴールド	山口百恵
駅	竹内まりや
越前岬	川中美幸
越冬つばめ	森昌子
奥飛騨慕情	竜鉄也
贈る言葉	海援隊
お久しぶりね	小柳ルミ子
おもいで酒	小林幸子
おやじの海	村木賢吉
オリビアを聴きながら	杏里

曲名	歌手
帰ってこいよ	松村和子
カサブランカ・ダンディ	沢田研二
飾りじゃないのよ涙は	小泉今日子
勝手にしやがれ	沢田研二
哀しみ本線日本海	森昌子
カナダからの手紙	平尾昌晃・畑中葉子
かもめはかもめ	研ナオコ
川の流れのように	美空ひばり
ガンダーラ	ゴダイゴ
乾杯	長渕剛
季節の中で	松山千春
北国の春	千昌夫
北酒場	細川たかし
君だけに	少年隊
兄弟船	鳥羽一郎
元気を出して	竹内まりや
恋におちて	小林明子
恋人よ	五輪真弓
木枯しに抱かれて	小泉今日子
秋桜	山口百恵
酒と泪と男と女	河島英五
酒よ	吉幾三
細雪	五木ひろし
さざんかの宿	大川栄策
さよならの向う側	山口百恵
サンタモニカの風	桜田淳子
3年目の浮気	ヒロシ&キーボー
しあわせ芝居	桜田淳子
時代遅れの酒場	加藤登紀子
シルエット・ロマンス	大橋純子
人生いろいろ	島倉千代子
すきま風	杉良太郎
昴	谷村新司
すみれ色の涙	岩崎宏美
青春時代	森田公一とトップ・ギャラン
セカンド・ラヴ	中森明菜
そんなヒロシに騙されて	高田みづえ
大都会	クリスタル・キング
他人酒	渥美二郎
ダンシング・オールナイト	もんた&ブラザース

曲名	歌手
探偵物語	薬師丸ひろ子
契り	五木ひろし
津軽海峡・冬景色	石川さゆり
つぐない	テレサ・テン
時には娼婦のように	黒沢年男
時の流れに身をまかせ	テレサ・テン
時をかける少女	原田知世
鳥の詩	杉田かおる
長い夜	松山千春
長良川艶歌	五木ひろし
浪花節だよ人生は	細川たかし
涙のリクエスト	チェッカーズ
難破船	中森明菜
初恋	村下孝蔵
春一番	キャンディーズ
春なのに	柏原芳恵
氷雨	佳山明生、日野美歌
陽はまた昇る	谷村新司
ビューティフル・サンデー	田中星児
釜山港へ帰れ	渥美二郎
舟唄	八代亜紀
冬が来る前に	紙ふうせん
冬のリヴィエラ	森進一
ブランデーグラス	石原裕次郎
望郷じょんがら	細川たかし
星屑のステージ	チェッカーズ
星の砂	小柳ルミ子
まちぶせ	石川ひとみ
待つわ	あみん
聖母たちのララバイ	岩崎宏美
みずいろの雨	八神純子
魅せられて	ジュディ・オング
みだれ髪	美空ひばり
みちのくひとり旅	山本譲二
め組のひと	ラッツ&スター
メモリーグラス	堀江淳
もしもピアノが弾けたなら	西田敏行
桃色吐息	高橋真梨子
矢切の渡し	細川たかし
Young Man (Y.M.C.A.／ヤング・マン)	西城秀樹

曲名	歌手
UFO	ピンク・レディー
雪國	吉幾三
夢追い酒	渥美二郎
夢芝居	梅沢富美男
夢の途中	来生たかお
横須賀ストーリー	山口百恵
与作	北島三郎
よせばいいのに	敏いとうとハッピー&ブルー
ラヴ・イズ・オーヴァー	欧陽菲菲
ランナウェイ	シャネルズ
ルビーの指輪	寺尾聰
ロンリーチャップリン	鈴木聖美 with Rats & Star
ワインレッドの心	安全地帯
別れても好きな人	ロス・インディオス & シルヴィア
忘れていいの	谷村新司／小川知子

キーワードで見る年代別の出来事や流行

1920年代（大正9年～昭和4年頃）

関東大震災

1923年（大正12年）9月1日 午前11時58分、相模湾北部を震源とするマグニチュード7.9の巨大地震が発生しました。死者は105,385人、全壊109,713棟、焼失家屋212,353棟と報道されています。震度6以上の揺れは神奈川、千葉、埼玉、静岡、山梨に及ぶ広大な地域で起こりました。

アムステルダムオリンピック

1928年（昭和3年）にアムステルダム（オランダ）で開催されました。陸上競技三段跳の織田幹雄選手と競泳男子200m平泳ぎの鶴田義行選手が、初めて日本人金メダリストとなりました。

おしゃれ

大正ロマンのモダンガール（モガ）と呼ばれたほど、欧米のスターや映画俳優などを手本とした化粧が流行しました。モダンガールに対して、男性はモダンボーイ（モボ）と呼ばれました。

遊び

【めんこ】…めんこは、男の子の代表的な遊びです。厚紙でできたカードを地面に打ち付けて、相手のめんこを裏返すと、裏返っためんこは自分の物にすることができ、その数を競いました。

【ベーゴマ】…ベーゴマも男の子たちの遊びです。複数人で、台の上の誰のベーゴマが長く回転するか、誰のものが弾き出されないかなどを競い合いました。

チャーリー・チャップリン

チャップリンが日本でも流行し始めました。1921年（大正10年）のサイレント映画『キッド』や、1925年（大正14年）の『黄金狂時代』などの喜劇映画が有名です。

榎本健一

日本では、チャップリンの喜劇の影響を受けた榎本健一が、コメディアンとして人気がありました。「エノケン」と呼ばれ、和製チャップリンとも言われたそうです。

1930年代（昭和5年～14年頃）

満州事変勃発

1931年（昭和6年）に、日本が中国の満州を侵略しました。関東軍はわずか5か月の間に満洲全土を占領し、軍事的にはまれに見る成功を収めました。その後、1937年（昭和12年）に日中戦争が勃発し、太平洋戦争まで突き進んでいきました。

五・一五事件

満州事変後の1932年（昭和7年）5月15日に、軍部の独走により犬養毅首相が暗殺されました。

二・二六事件

1936年（昭和11年）2月26日に、急進的陸軍将校らが首相官邸を襲撃し、政府要人を暗殺するという事件が起こりました。永田町一帯を占拠するという事態になりましたが、天皇の命令でこのクーデターは鎮圧されました。

ベルリンオリンピック

1936年（昭和11年）にベルリン（ドイツ）で開催されました。日本の金メダルは6種目で、女性で初めて競泳女子200m平泳ぎの前畑秀子選手が金メダルを獲得しました。

おしゃれ

映画俳優に憧れ、目を大きく見せるメイクが流行しました。口紅も赤のはっきりしたものを愛用していました。

チャーリー・チャップリン来日

1932年（昭和7年）5月14日に初来日しました。1936年（昭和11年）には1年で2度も来日しました。

ベーブ・ルースとルー・ゲーリック

1934年（昭和9年）、ベーブ・ルースやルー・ゲーリックなど、アメリカの大リーグ（メジャーリーグ）から選抜されたスターチームが来日し、16戦全勝で全日本軍を圧倒しました。この年の12月には、読売巨人軍の前身となるプロ野球チームが創立されました。

藤山一郎

1931年（昭和6年）に流行歌手としてデビューしました。数多くのヒット曲を持つ国民的歌手としてだけでなく、声楽家や指揮者としても活躍しました。

岡田嘉子

サイレント映画時代のトップ女優で、奔放な恋愛遍歴の女性でもありました。日本共産党の党員杉本良吉は当時執行猶予中で、召集令状を受ければ刑務所に送られるのではないかと恐れ、ソ連への亡命を決意しました。そのとき、杉本良吉が妻を置いて恋人の岡田嘉子と厳寒な樺太を超え、ソ連に亡命をしたというエピソードがあります。

1940年代(昭和15年～24年頃)

第二次世界大戦(太平洋戦争)

1940年(昭和15年)に日独伊三国同盟を結び、1941年(昭和16年)12月の御前会議でアメリカとイギリスに対して開戦の決定をし、同月8日にハワイの真珠湾を攻撃しました。このことが実質的な日本の参戦となりました。

戦争が佳境に入り敗戦の色が濃くなり始めるとともに、まだ若い大学生なども徴兵により戦地に出兵させられ(学徒出陣と言われました)、多くの尊い命が失われました。

また、本土においては爆撃から子供達の命を守るため、両親と離れ離れにされて都市部から地方に移住させられました(学童疎開と言います)。

太平洋戦争終戦

1945年(昭和20年)3月に東京大空襲、8月に広島と長崎が被爆し、このことが終戦につながりました。翌年に日本国憲法が公布され、恒久平和への誓いとして戦争の放棄を謳っています。

団塊の世代

1940年代後半の戦後のベビーブームに生まれた人たちは、「団塊の世代」と呼ばれています。堺屋太一の小説『団塊の世代』の中で命名されました。1940年代に生まれた人たちは「全共闘世代」とも呼ばれています。

チンドン屋

全盛期は1933年(昭和8年)頃から1938年(昭和13年)頃と言われています。当時はチンとなる鉦とドンとなる太鼓をひとりで抱え、店などの開店案内などを町内に触れて回っていました。1941年(昭和16年)にチンドン屋の禁止命令が下されましたが、戦後に復活しました。

遊び

【けん玉】…けん玉が日本に入ってきた時期は、江戸時代の中期(1777年)頃で、長崎からこの遊びが広まったと言われています。確認できる古い記録は16世紀のフランスですが、その起源については諸説あります。

【ヨーヨー】…ヨーヨーは江戸時代の中期頃に中国から伝わった遊びとされています。起源はさまざまで、中国だけでなく、古代ギリシャにも同様なものがあったとされています。1933年(昭和8年)に、ある教員がアメリカ土産として持ち帰り、爆発的に広まったとされています。

ヘレン・ケラー

1歳7か月のときに、病気のため視力と聴力を失いましたが、家庭教師アン(アニー)・サリバンとの出会いで才能を開花させました。大学卒業後は障害者の救済を使命とし、著述と講演を行うようになりました。1948年(昭和23年)の2度目の来日の際は、国民の熱狂的な歓迎を受けました。

李香蘭(山口淑子)

中国で国を裏切ったとして軍事裁判にかけられましたが、日本人とわかり国外追放となりました。李香蘭は1940年(昭和15年)に映画『支那の夜』に出演したところ、その美しさと歌唱力、演技力で一躍大スターとなりました。その後、テレビの司会や参議院議員を務めました。

美空ひばり

1948年(昭和23年)に11歳でデビューしました。歌手としても女優としても数々のヒットを放ち、1989年(平成元年)に惜しまれながらこの世を去りました。

雪村いずみと江利チエミも同年代の女性アイドルで、1950年代には「三人娘」と呼ばれていました。

1950年代（昭和25年～34年頃）

ビキニ水爆実験

　1954年（昭和29年）3月1日、アメリカが太平洋のビキニ環礁で水爆実験を行い、近くで操業していた日本の漁船「第五福竜丸」のほか約1,000隻以上が被爆しました。

昭和基地（南極観測）

　1957年（昭和32年）1月29日に、第1次南極観測隊53名が東オングル島に到着し、「昭和基地」と命名して以来、日本の南極観測におけるベース基地となりました。

伊勢湾台風

　1959年（昭和34年）9月26日に上陸し、名古屋を中心とした東海地方に大災害を起こした台風です。死者・行方不明者は5,000人を超え、家屋全壊・半壊は約15万戸、被災者は約153万人という甚大な被害でした。

おしゃれ

　ショートカットが流行し、太い眉やアイラインで目元をつり上げる、はっきりしたメイクが主流となりました。

　石原慎太郎の小説『太陽の季節』のヒットから太陽族が流行し、男性に慎太郎カットが流行しました。カミナリ族（今の暴走族）やロカビリー族、六本木族という言葉が現れ、若者文化が生まれました。

遊び

【フラフープ】…1958年（昭和33年）にアメリカで大流行したため、同年10月に東京の各デパートで一斉に販売されました。ポリエチレンでできた管を丸くしたもので、腰をフラダンスのように動かして、フラフープをウエストあたりで回して楽しみました。

オードリー・ヘプバーン

1953年(昭和28年)のアメリカ映画『ローマの休日』でアカデミー主演女優賞を受賞したイギリス人女優です。『麗しのサブリナ』『ティファニーで朝食を』『マイ・フェア・レディ』『暗くなるまで待って』『シャレード』など次々にアメリカ映画のヒット作に出演しました。1954年(昭和29年)から亡くなるまでユニセフに貢献し続け、アメリカ大統領より「大統領自由勲章」を授与されました。1993年(平成5年)にスイスの自宅で63年の生涯を閉じました。

エルヴィス・プレスリー

1954年(昭和29年)にデビューしたアメリカのロックンロール歌手です。『やさしく愛して』『監獄ロック』『GIブルース』『ブルーハワイ』など数多くのヒット曲があります。デビュー以来スーパースターとして活躍し続けましたが、1977年(昭和52年)8月に42歳の若さでこの世を去りました。

ジェームス・ディーン

1955年(昭和30年)に主演した映画『エデンの東』と『理由なき反抗』の大ヒットで一躍スターになったアメリカの俳優です。特に『理由なき反抗』は、当時のアメリカの若者文化を表現したものでした。同年9月30日に、交通事故により24歳の若さでこの世を去りました。

マリリン・モンロー

1953年(昭和28年)の映画『ナイアガラ』でのモンロー・ウォークが大ブームを呼んだアメリカの女優です。1955年(昭和30年)の映画『7年目の浮気』の撮影中には、地下鉄の通気口の上に立ったとき、風でスカートの裾がめくれたことが大変センセーショナルなこととして、一世を風靡しました。1962年(昭和37年)8月に36歳の若さで亡くなりました。

黒澤明

1951年（昭和26年）に、黒澤明監督の映画『羅生門』が日本映画初のヴェネツィア国際映画祭金獅子賞を受賞しました。さらにアカデミー賞名誉賞（現在の外国語映画賞）も受賞し、1954年（昭和29年）の映画『七人の侍』ではヴェネツィア国際映画祭銀獅子賞を受賞しました。1998年（平成10年）に88歳で生涯を終えました。

三船敏郎

1948年（昭和23年）に、黒澤明監督の『酔いどれ天使』のヤクザ役で人気がでました。その後も黒澤明監督の映画に主演し、1950年（昭和25年）の『羅生門』でヴェネチア映画祭金獅子賞、1961年（昭和36年）の『用心棒』と1965年（昭和40年）の『赤ひげ』でヴェネチア映画祭主演男優賞を受賞しました。1997年（平成9年）に77歳で亡くなりました。

ゴジラ

1954年（昭和29年）に本多猪四郎監督によって東宝映画『ゴジラ』が誕生し、以降60年以上にわたって製作されています。初期のゴジラは身長50mでしたが、高層ビルの普及などにより80m、100mと変更されました。ハリウッド版『GODZILLA』も公開され、世界的な人気となりました。

石原裕次郎

大学在学中に、兄・石原慎太郎の芥川賞受賞作『太陽の季節』の映画化に際し、俳優としてデビューしました。1956年（昭和31年）に映画『狂った果実』で本格デビューしたあとは、出演した映画だけではなく歌手としても次々にヒットを記録して、人気スターになりました。

正田美智子（現在の皇后陛下）

当時の日清製粉社長の長女で、1958年（昭和33年）に日本で最初の民間出身の皇太子妃となりました。

1960年代(昭和35年～44年頃)

ベトナム戦争

1960年(昭和35年)の南ベトナム解放民族戦線の結成から本格的な交戦状態になり、1975年(昭和50年)まで続きました。この戦争は、資本主義のアメリカと社会主義のソ連の代理戦争と言われています。この戦争をめぐっては、世界各地で大規模な反戦運動が繰り広げられました。

人類史上初めての宇宙

1961年(昭和36年)4月に、ソ連の宇宙船ボストーク1号がガガーリン少佐を乗せて宇宙に飛び立ち、史上初の有人宇宙飛行に成功しました。帰還後の記者会見では「地球は青かった」という名せりふを残しています。

月面着陸

1969年(昭和44年)7月に、アポロ11号の3人のアメリカ人宇宙飛行士のうち2人が、史上初めて月面に立ちました。

三億円事件

1968年(昭和43年)12月10日に、現・東芝の従業員の冬のボーナス約3億円が強奪された事件です。現金を搬送中の輸送車が、白バイ隊員に扮した犯人によって強奪されました。当時の現金強奪事件の被害金額としては最高金額でした。

東京オリンピック

1964年(昭和39年)10月10日に、アジアでは初めてのオリンピックが開催され、世界の93の国から5,152名の選手が東京に結集しました。ケニアのマラソン選手アベベが、裸足で完走して金メダルを獲得しました。また、バレーボールで日本女子が金メダルを取り、「東洋の魔女」と呼ばれました。

大相撲

1961年（昭和36年）に大鵬と柏戸の2力士が同時横綱となったことがきっかけで、国技の相撲が一大ブームとなりました。

おしゃれ

西洋を意識したお人形さんのようなメイクが流行しました。つけまつげが大きく、目元を立体的に見せるようになりました。バービー人形にも似ています。

アイビールックが登場し、ボタンダウンのシャツやコイン・ローファーの靴も流行しました。ミニスカートが登場したのもこの時代です。

ダッコちゃん

1960年（昭和35年）に発売された空気で膨らませるビニール人形です。真っ黒な人型をした人形で、両手両足が輪状になっており、腕などにしがみ付かせることができ、若い女性を中心にブームとなりました。

芸能

1960年代は、三橋美智也・村田英雄・三波春夫・橋幸夫・千昌夫・北島三郎・都はるみ・水前寺清子など、一大演歌ブームの時代でした。

マーチン・ルーサー・キング牧師

1963年（昭和38年）の「私には夢がある」という演説により、アメリカの公民権運動を指導し、非暴力主義を徹底しました。1968年（昭和43年）4月に、遊説活動中の地で凶弾に倒れました。

ビートルズ

ジョン・レノンやポール・マッカートニーを含むイギリスの4人組ロックバンドです。1962年（昭和37年）に『ラブ・

ミー・ドゥ』でデビューし、1970年(昭和45年)に解散しました。『プリーズ・プリーズ・ミー』『イエスタデイ』『レット・イット・ビー』など数多くのヒット曲があり、日本でも1966年(昭和41年)に日本武道館でコンサートを行いました。
ジョン・レノンは1980年(昭和55年)12月8日に殺害されました。彼の妻は日本人のオノ・ヨーコ(小野洋子)です。

川端康成

1956年(昭和31年)にアメリカで『雪国』が英訳されたのをきっかけに、世界的に名前が知られるようになり、1968年(昭和43年)にはノーベル文学賞を受賞しました。『伊豆の踊子』『禽獣』『雪国』『眠れる美女』など多くの作品を発表し、1961年(昭和36年)には文化勲章を授与されました。1972年(昭和47年)4月16日にガス自殺によって72歳で亡くなりました。

吉永小百合

1960年代に数々の映画に出演し、歌った主題歌なども次々と大ヒットしました。1963年(昭和38年)には、映画『キューポラのある街』でブルーリボン賞主演女優賞を受賞しました。吉永小百合のファンは多く、「サユリスト」と呼ばれています。

高倉健

1964年(昭和39年)からの『日本侠客伝』シリーズ、1965年(昭和40年)からの『網走番外地』シリーズなどに主演し、東映の看板スターとなりました。1977年(昭和52年)に主演した『八甲田山』『幸福の黄色いハンカチ』の2作品で、日本アカデミー賞最優秀主演男優賞と、ブルーリボン賞主演男優賞をダブル受賞しました。『南極物語』『居酒屋兆治』『鉄道員』と多くの映画に出演し、主演男優賞などを受賞しています。2013年(平成25年)には文化勲章を授与され、2014年(平成26年)11月に83歳で亡くなりました。

1970年代(昭和45年〜54年頃)

日本万国博覧会（大阪万博）

1970年（昭和45年）10月に日本万博が大阪で開催されました。アメリカ館では、アポロ12号が持ち帰った「月の石」が展示されました。総入場者数は約6,421万人と公表されています。岡本太郎の「太陽の塔」は、現在でも万博記念公園のシンボルになっています。

沖縄返還

1969年(昭和44年）の日米首脳会談で沖縄返還が約束され、1971年(昭和46年）に沖縄返還協定に調印、1972年(昭和47年）5月15日に日本へ復帰しました。沖縄での貨幣がドルから円に変わり、道路交通法も日本式になって車は右側通行から左側通行に変わりました。

札幌オリンピック（冬季大会）

1972年（昭和47年）の冬には、札幌で冬季オリンピックが開催されました。スキージャンプ70m級(現在のノーマルヒル）では、笠谷幸生選手が1位、金野昭次選手が2位、青地清二選手が3位と表彰台を独占し、「日の丸飛行隊」と呼ばれました。

おしゃれ

1970年代前半はヒッピースタイルが流行り、シャドーを目の下に入れ、眉は非常に細く薄いメイクとなりました。後半は、日本美が見直され黒髪や濃い赤のリップなどが好まれました。

1970年（昭和45年）創刊の雑誌『an・an』と、1971年（昭和46年）創刊の雑誌『non・no』に刺激された若者は、アンノン族と命名されました。

芸能

1970年代は、五木ひろし・森進一・細川たかし・小林幸子・八代亜紀・森昌子・石川さゆりなどの演歌歌手の時代でもありました。沢田研二・西城秀樹・山口百恵・桜田淳子などのスターもたくさん誕生しています。

テレサ・テン

中華民国(台湾)生まれの歌手で、1970年代から1990年代にかけて、母国の中華民国や香港・マカオ・日本の東アジア圏で広く人気があり、「アジアの歌姫」と呼ばれました。日本での代表曲には『空港』『愛人』『つぐない』などがあります。1995年(平成7年)5月に42歳の若さで急死しました。

田中角栄

1972年(昭和47年)に「日本列島改造論」を掲げた田中角栄が総理大臣となりました。中国との国交正常化に努めた大臣として有名でもあります。1976年(昭和51年)に、アメリカのロッキード社から政界へ多額の賄賂がもたらされた「ロッキード事件」で逮捕され、一審で実刑判決を受けました。

長嶋茂雄

1974年(昭和49年)10月14日、「我が巨人軍は永久に不滅です」の言葉を残し、現役を引退しました。現役時代は首位打者6回、本塁打王2回、打点王5回という成績もさることながら、チャンスに強いバッティングで人気を博し、「ミスタージャイアンツ」と呼ばれました。1975年(昭和50年)~1980年(昭和55年)と1993年(平成5年)~2001年(平成13年)には巨人軍の監督を務めて5回のリーグ優勝を飾り、そのうち2回は日本シリーズを制し日本一に輝きました。

1980年代
（昭和55年～昭和64年・平成元年頃）

大韓航空機撃墜事件

1983年（昭和58年）9月1日に、大韓航空007便ボーイング747がソ連領空を侵犯したため、サハリン上空でソ連の戦闘機にミサイルで撃墜され、乗員・乗客269人全員が死亡する事件が起きました。

昭和天皇崩御

1989年（昭和64年）1月7日に、昭和天皇が124代天皇として87歳で亡くなりました。元号が昭和から平成へと変わりました。

ベルリンの壁崩壊

1989年（昭和64年）11月9日の夜、「東ドイツの国民は自分の好きな所へ旅行してもよくなった」と発表されたのをきっかけに、東西ドイツの国境が開かれました。11月10日には、東西ベルリンの市民がベルリンの壁を破壊しました。翌年の1990年（昭和65年）10月に東ドイツが西ドイツに編入され、東西ドイツが統一されました。

竹の子族

1980年代前半、原宿の代々木公園横に設けられた歩行者天国は、原色系の派手な衣装でラジカセを囲み、ディスコサウンドに合わせてダンスパフォーマンスをする若者グループであふれていました。歩行者天国（ホコ天）は、この頃から一般的になっていきました。

カラオケ

1980年代は中高年の間でカラオケがブームとなりました。若者の演歌離れも見られるようになり、若者向けにポップス寄りの演歌を歌う、坂本冬美・香西かおり・伍代夏子・藤あや子などの女性歌手が登場しました。

おしゃれ

体に密着する素材で体の線を強調した、ボディ・コンシャスな服が流行し、「ボディコン」と呼ばれました。紺ブレ（紺色のブレザーコート）なども大流行しました。

マイケル・ジャクソン

1963年（昭和38年）に、兄弟5人でジャクソン5を結成し、一躍有名になりました。1971年（昭和46年）にソロデビューし、1983年（昭和58年）の『ビリー・ジーン』は自身最大のヒットシングルになりました。ムーンウォークを披露した曲としても有名です。「キング・オブ・ポップ」と呼ばれ、「スリラー」は史上最も売れたアルバムとしてギネス記録に認定されています。

王貞治

1980年（昭和55年）11月4日に現役を引退しました。現役時代は一本足打法で数々の大記録を残し、特に通算ホームラン数の868本は世界一の記録で、「世界のホームラン王」と呼ばれました。現役引退後は、1984年（昭和59年）～1988年（昭和63年）まで巨人軍の監督を務めリーグ優勝1回、1995年（平成7年）～2004年（平成16年）まで福岡ダイエーホークス、2005年（平成17年）～2008年（平成20年）まで福岡ソフトバンクホークスの監督として、リーグ優勝3回と日本一2回に輝きました。1977年（昭和52年）には国民栄誉賞を受賞しています。

土井たかこ

1986年（昭和61年）に社会党委員長選挙で初めての女性党首が実現しました。社会党をマドンナ旋風で与党第一党まで躍進させ、社会党政権樹立の基礎をつくりました。

1990年代(平成2年〜11年頃)

阪神淡路大震災

1995年(平成7年)1月17日 午前5時46分に、兵庫県南部を震源とするマグニチュード7.3の大規模地震が起こりました。この阪神淡路大震災による死者は約6,500人となり、建物にも甚大な被害が出ました。

オウム真理教と地下鉄サリン事件

1995年(平成7年)3月20日に、オウム真理教による無差別殺人テロが発生しました。地下鉄丸ノ内線・日比谷線・千代田線において、神経ガスのサリンが散布され、13人が犠牲となり、6,000人以上の被害者を出しました。

長野オリンピック(冬季大会)

1998年(平成10年)に、1972年(昭和47年)の札幌に続き長野で冬季オリンピックが開催されました。日本は金メダル5個を始め10個のメダルを獲得しました。

携帯電話の普及

1990年代には携帯電話の小型化が一層進み、広く使用されるようになりました。

おしゃれ

女子高校生を中心にルーズソックスが大流行しました。

1998年(平成10年)にはユニクロ原宿店のオープンをきっかけに、フリースの大ブームが起こりました。

2000年～(平成12年～)

小泉純一郎内閣誕生

2001年(平成13年)4月に、戦後3番目に長い長期政権と言われた小泉純一郎内閣が誕生しました。「構造改革なくして景気回復なし」をスローガンに、特殊法人の民営化などを進めました。国と地方の三位一体の改革路線を貫き「聖域なき構造改革」を実践し、郵政三事業の民営化なども行いました。

アメリカ同時多発テロ事件

2001年(平成13年)9月11日に、アメリカ国内で同時多発的に発生した4つのテロ事件の総称で、ハイジャックされた旅客機が使用されました。犠牲者は3,000人以上とされています。

2002年 FIFAワールドカップ(日韓大会)

2002年(平成14年)5月31日から6月30日にかけて、日本と韓国の共催という形で開催されました。日本はベスト16、優勝はブラジルでした。

東日本大震災

2011年(平成23年)3月11日 午後2時46分に、三陸沖の海底を震源とするモーメントマグニチュード9.0の東北地方太平洋沖地震が発生しました。この地震による巨大な津波などの災害と、これに伴う東京電力福島第一原子力発電所の事故による災害も合わせて、「東日本大震災」と呼んでいます。

2015年(平成27年)8月10日の警察庁の資料によれば、死者は15,892人、重軽傷者は6,152人、警察に届出があった行方不明者は2,573人です。

索　引

著者略歴

吉田 輝美（よしだ てるみ）

博士（社会福祉学）　昭和女子大学 人間社会学部 福祉社会学科 准教授。

大学卒業後、老人ホームに介護職員や生活相談員として勤務する。
介護従事者のストレスマネジメントやコミュニケーショントレーニングを展開している。

- 表紙デザイン ……………… 釣巻デザイン室
- 表紙イラスト ……………… 加藤マカロン
- 本文イラスト ……………… 西脇けい子（第1章・第2章・第4章）
安藤しげみ（第3章・第5章）
- 本文デザイン／DTP ……… 田中 望

【ポケット介護《かいご》】現場《げんば》で使《つか》える コミュニケーションのコツ

2015年　10月 20日　初版　第1刷発行

著　者　吉田輝美《よしだてるみ》

発行者　片岡　巌

発行所　株式会社 技術評論社

東京都新宿区市谷左内町21-13

電話　03-3513-6150　販売促進部

03-3267-2272　書籍編集部

印刷／製本　日経印刷株式会社

定価は表紙に表示してあります。

ISBN978-4-7741-7652-9 C2047

Printed in Japan

本書の内容に関するご質問はFAXまたは書面にてお送りください。弊社ホームページからメールでお問い合わせいただくこともできます。

【書面の宛先】
〒162-0846
東京都新宿区市谷左内町21-13
株式会社技術評論社　書籍編集部
『【ポケット介護】現場で使える
コミュニケーションのコツ』係

【FAX】03-3267-2269

【URL】http://gihyo.jp/book